Basiswissen Psychologie

Herausgegeben von
J. Kriz, Osnabrück, Deutschland

Die erfolgreiche Lehrbuchreihe im Programmbereich Psychologie: Das Basiswissen ist konzipiert für Studierende und Lehrende der Psychologie und angrenzender Disziplinen, die Wesentliches in kompakter, übersichtlicher Form erfassen wollen.

Eine ideale Vorbereitung für Vorlesungen, Seminare und Prüfungen: Die Bücher bieten Studierenden in aller Kürze einen fundierten Überblick über die wichtigsten Ansätze und Fakten. Sie wecken so Lust am Weiterdenken und Weiterlesen.

Neue Freiräume in der Lehre: Das Basiswissen bietet eine flexible Arbeitsgrundlage. Damit wird Raum geschaffen für individuelle Vertiefungen, Diskussion aktueller Forschung und Praxistransfer.

Herausgegeben von
Prof. Dr. Jürgen Kriz
Universität Osnabrück

Wissenschaftlicher Beirat:
Prof. Dr. Markus Bühner
Ludwig-Maximilians-Universität
München

Prof. Dr. Thomas Goschke
Technische Universität Dresden

Prof. Dr. Arnold Lohaus
Universität Bielefeld

Prof. Dr. Jochen Müsseler
Rheinisch-Westfälische Technische
Hochschule Aachen

Prof. Dr. Astrid Schütz
Otto-Friedrich-Universität Bamberg

Weitere Bände in der Reihe http://www.springer.com/series/12310

Franz Caspar · Irena Pjanic
Stefan Westermann

Klinische Psychologie

Franz Caspar
Klinische Psychologie und
Psychotherapie, Universität Bern
Institut für Psychologie
Bern, Schweiz

Stefan Westermann
Klinische Psychologie und
Psychotherapie, Universität Bern
Institut für Psychologie
Bern, Schweiz

Irena Pjanic
Klinische Psychologie und
Psychotherapie, Universität Bern
Institut für Psychologie
Bern, Schweiz

Zusätzliches Material zu diesem Buch finden Sie auf http://www.lehrbuch-psychologie.de.

Basiswissen Psychologie
ISBN 978-3-531-17076-3   ISBN 978-3-531-93317-7   (eBook)
https://doi.org/10.1007/978-3-531-93317-7

Die Deutsche Nationalbibliothek verzeichnet diese Publikation in der Deutschen Nationalbibliografie; detaillierte bibliografische Daten sind im Internet über http://dnb.d-nb.de abrufbar.

Springer VS
© Springer Fachmedien Wiesbaden GmbH 2018
Das Werk einschließlich aller seiner Teile ist urheberrechtlich geschützt. Jede Verwertung, die nicht ausdrücklich vom Urheberrechtsgesetz zugelassen ist, bedarf der vorherigen Zustimmung des Verlags. Das gilt insbesondere für Vervielfältigungen, Bearbeitungen, Übersetzungen, Mikroverfilmungen und die Einspeicherung und Verarbeitung in elektronischen Systemen.
Die Wiedergabe von Gebrauchsnamen, Handelsnamen, Warenbezeichnungen usw. in diesem Werk berechtigt auch ohne besondere Kennzeichnung nicht zu der Annahme, dass solche Namen im Sinne der Warenzeichen- und Markenschutz-Gesetzgebung als frei zu betrachten wären und daher von jedermann benutzt werden dürften.
Der Verlag, die Autoren und die Herausgeber gehen davon aus, dass die Angaben und Informationen in diesem Werk zum Zeitpunkt der Veröffentlichung vollständig und korrekt sind. Weder der Verlag noch die Autoren oder die Herausgeber übernehmen, ausdrücklich oder implizit, Gewähr für den Inhalt des Werkes, etwaige Fehler oder Äußerungen. Der Verlag bleibt im Hinblick auf geografische Zuordnungen und Gebietsbezeichnungen in veröffentlichten Karten und Institutionsadressen neutral.

Umschlaggestaltung: deblik Berlin
Einbandabbildung: © Photographee.eu/stock.adobe.com

Gedruckt auf säurefreiem und chlorfrei gebleichtem Papier

Springer VS ist Teil von Springer Nature
Die eingetragene Gesellschaft ist Springer Fachmedien Wiesbaden GmbH
Die Anschrift der Gesellschaft ist: Abraham-Lincoln-Str. 46, 65189 Wiesbaden, Germany

Vorwort

Dieses Buch führt in das Gebiet der Klinischen Psychologie ein und gibt einen Überblick über den aktuellen Stand des Wissens. Zur Klinischen Psychologie werden gemeinhin (in unterschiedlichen Gliederungen und teils unter unterschiedlichen Begriffen) Diagnostik, Epidemiologie, Ätiologie (oder Störungslehre) und Psychotherapie (oder allgemeiner: Intervention, zu der auch Prävention gehört) gezählt. Um all dies wird es in diesem Buch gehen.

Zweierlei ist dabei zu beachten:

1. Der Umfang der Forschung und damit des relevanten empirischen und konzeptuellen klinisch-psychologischen Wissens hat sich in den letzten Jahrzehnten enorm erweitert. Das bedeutet, dass in einem im Umfang recht kleinen Buch wie dem hier vorliegenden auch nur ein kleiner Teil des vorhandenen Wissens vermittelt werden kann. Wir haben uns ganz besonders bemüht, uns auf das Relevante zu konzentrieren und prägnant (wenn auch im Interesse von Laien-Lesern nicht zu verdichtet) zu schreiben, um den zur Verfügung stehenden Platz gut zu nutzen. Der Funktion, einen Überblick zu geben und einzuführen, kann es auch in dieser Kürze gerecht werden.
2. In der Reihe, in der dieses Buch erscheint, wird es einen separaten Band zur Psychotherapie geben. Da Psychotherapie ein zentrales Thema der Klinischen Psychologie ist und der vorliegende Band auch eine gewisse Eigenständigkeit haben soll, wird auch hier auf Psychotherapie eingegangen, aber nicht so ausführlich, wie es nötig wäre, wenn es den anderen Band nicht gäbe, und mit Betonung der „Berner Ansätze", also dessen, was in unserer Abteilung entwickelt wurde und vertreten wird.

Die Antworten auf die „Verständnisfragen" finden Sie im Internet auf www.lehr-buch-psychologie.springer.com und dort auf der Unterseite zu diesem Lehrbuch.

Bern
im Juli 2017

Franz Caspar
Irena Pjanic
Stefan Westermann

Inhaltsverzeichnis

1 Klinische Psychologie 1
   1.1 Einleitung 1
   1.2 Geschichte 2
   1.3 Psychische Störungen 6
       1.3.1 Begriff und Kriterien 6
       1.3.2 Phänomenologie 7
       1.3.3 Diagnostik 8
       1.3.4 Epidemiologie 8
       1.3.5 Ätiologie 9
   1.4 Psychotherapie 9
   1.5 Forschungsansätze 11
   1.6 Verständnisfragen 13
   Literatur 13

2 Diagnostik und Klassifikation 15
   2.1 Klassifikatorische Diagnostik 16
       2.1.1 ICD-10 17
       2.1.2 DSM-5 18
       2.1.3 Klinische Interviews 19
   2.2 Störungsübergreifende Diagnostik 19
       2.2.1 Störungsübergreifende Belastung und Einschränkung 19
       2.2.2 Anamnese der Lebensgeschichte 20
       2.2.3 Ressourcen und Therapieziele 20
       2.2.4 Interpersonelle Diagnostik 20
       2.2.5 Verhaltensanalyse und Fallkonzeption 22
   2.3 Störungsspezifische Diagnostik 23

	2.4	Prozess-, Verlaufs- und Evaluationsdiagnostik.	24
	2.5	Verständnisfragen	25
	Literatur		25
3	**Epidemiologie und Ätiologie**		27
	3.1	Einleitung	27
	3.2	Epidemiologie.	27
		3.2.1 Einleitung	27
		3.2.2 Deskriptive Epidemiologie.	28
		3.2.3 Analytische Epidemiologie	31
	3.3	Ätiologie	33
		3.3.1 Einleitung	33
		3.3.2 Verschiedene Modelle und Wirkungszusammenhänge	35
	3.4	Verständnisfragen	37
	Literatur		38
4	**Psychologische Therapie**		39
	4.1	Einleitung	39
	4.2	Grundmodell psychischen Funktionierens	40
		4.2.1 Konsistenztheorie	40
		4.2.2 Selbstregulation	42
		4.2.3 Selbstorganisation als Teil der Selbstregulation.	44
	4.3	Problemverständnis	49
	4.4	Therapiebeziehung	50
	4.5	Die Weiterentwicklung von Psychotherapie.	51
	4.6	Verständnisfragen	52
	Literatur		53
5	**Depression und bipolare Störungen**		55
	5.1	Einleitung	55
	5.2	Charakteristika und Diagnostik	55
		5.2.1 Depression	56
		5.2.2 Manische Episode und bipolare affektive Störung	57
	5.3	Epidemiologie und Ätiologie	59
		5.3.1 Depression	59
		5.3.2 Bipolare Störung	60
	5.4	Behandlung.	61
		5.4.1 Depression	61
		5.4.2 Bipolare Störung	62

5.5	Gestaltung der Therapiebeziehung		62
5.6	Aspekte der aktuellen Forschung		62
5.7	Verständnisfragen		63
Literatur			63

6 Angststörungen 65
- 6.1 Einleitung 65
- 6.2 Diagnostik 66
  - 6.2.1 Agoraphobie 67
  - 6.2.2 Soziale Phobie 67
  - 6.2.3 Spezifische Phobie 68
  - 6.2.4 Andere Angststörungen 69
  - 6.2.5 Zwangsstörung 71
  - 6.2.6 Reaktion auf schwere Belastungen und Anpassungsstörungen 72
- 6.3 Epidemiologie und Ätiologie 74
- 6.4 Behandlung 78
- 6.5 Gestaltung der Therapiebeziehung 80
- 6.6 Gesichtspunkte der aktuellen Forschung 80
- 6.7 Verständnisfragen 81
- Literatur 81

7 Schizophrenie 83
- 7.1 Symptomatik und Diagnostik 83
  - 7.1.1 Zwei Fallbeispiele 83
- 7.2 Epidemiologie, Verlauf und Ätiologie 85
- 7.3 Behandlung 88
- 7.4 Gestaltung der Therapiebeziehung 89
- 7.5 Verständnisfragen 90
- Literatur 90

8 Essstörungen 91
- 8.1 Einleitung 91
- 8.2 Diagnostik 92
- 8.3 Epidemiologie und Ätiologie 96
- 8.4 Behandlung 97
- 8.5 Gestaltung der Therapiebeziehung 98
- 8.6 Gesichtspunkte der aktuellen Forschung 99
- 8.7 Verständnisfragen 100
- Literatur 100

9 Psychische Störungen durch psychotrope Substanzen und abhängige Verhaltensweisen ... 103
- 9.1 Einleitung ... 103
- 9.2 Diagnostik ... 104
  - 9.2.1 Störungen durch Substanzkonsum ... 105
  - 9.2.2 Substanzinduzierte Störungen ... 106
  - 9.2.3 Pathologisches Spielen ... 107
- 9.3 Epidemiologie und Ätiologie ... 108
- 9.4 Behandlung ... 110
- 9.5 Gestaltung der Therapiebeziehung ... 111
- 9.6 Gesichtspunkte der aktuellen Forschung ... 112
- 9.7 Verständnisfragen ... 113
- Literatur ... 113

10 Somatoforme Störungen ... 115
- 10.1 Einleitung ... 115
- 10.2 Diagnostik ... 116
  - 10.2.1 Somatisierungsstörung ... 118
  - 10.2.2 Hypochondrische Störung ... 119
  - 10.2.3 Somatoforme autonome Funktionsstörung ... 120
  - 10.2.4 Anhaltende somatoforme Schmerzstörung ... 121
- 10.3 Epidemiologie und Ätiologie ... 122
- 10.4 Behandlung ... 124
- 10.5 Gestaltung der Therapiebeziehung ... 126
- 10.6 Gesichtspunkte der aktuellen Forschung ... 127
- 10.7 Verständnisfragen ... 128
- Literatur ... 128

11 Persönlichkeitsstörungen ... 131
- 11.1 Einleitung ... 131
- 11.2 Charakteristika und Diagnostik ... 131
  - 11.2.1 Cluster A: ‚Sonderbar/exzentrisch' ... 134
  - 11.2.2 Cluster B: ‚Dramatisch/emotional' ... 134
  - 11.2.3 Cluster C: ‚Ängstlich/vermeidend' ... 135
- 11.3 Epidemiologie und Ätiologie ... 136
- 11.4 Behandlung ... 137
- 11.5 Gestaltung der Therapiebeziehung ... 138
- 11.6 Gesichtspunkte der aktuellen Forschung ... 139
- 11.7 Verständnisfragen ... 139
- Literatur ... 140

12 Störungen der Sexualität ... 141
- 12.1 Charakteristika und Diagnostik ... 141
- 12.2 Epidemiologie und Ätiologie ... 144
- 12.3 Behandlung ... 145
- 12.4 Gestaltung der Therapiebeziehung ... 147
- 12.5 Verständnisfragen ... 147
- Literatur ... 147

13 Integrative Sicht von psychischen Störungen und Psychotherapie ... 149
- 13.1 Einleitung ... 149
- 13.2 Eine störungsübergreifende Sicht psychischer Probleme ... 149
- 13.3 Ein störungsübergreifender und gleichzeitig Störungsspezifisches nutzender, integrativer Therapieansatz ... 151
- 13.4 Verständnisfragen ... 155
- Literatur ... 155

Klinische Psychologie

1.1 Einleitung

Beim Begriff „Klinische Psychologie" denken viele an eine Klinik, ein Krankenhaus und weiße Kittel. „Klinische Psychologie" ist heute aber einfach der Bereich der Psychologie, der sich mit psychischen Störungen und deren Behandlung beschäftigt (Auckenthaler 2011; Hautzinger und Davison 2007; Wittchen und Hoyer 2011). Das kann allerdings differenziert und erweitert werden, z. B. gehört auch die Behandlung psychischer Anteile somatischer Störungen dazu. Wenn im Folgenden nur von „psychischen Störungen" die Rede ist, sind diese immer mit gemeint.

Heute umfasst die Klinische Psychologie viele Teilbereiche, von klassisch klinisch-psychologischer Diagnostik über Psychotherapie und Verhaltensmedizin, neurobiologische Forschung, neue Formen der Intervention (z. B. Internettherapie) (Caspar et al. 2013), bis hin zur Erforschung der professionellen Entwicklung Klinischer Psychologen. Eine übliche Auffassung ist, dass zum Kern der Klinischen Psychologie die Beschäftigung mit psychischen Störungen (Phänomenologie, Diagnostik, Epidemiologie, Ätiologie) und deren Behandlung (Psychotherapie) und Prävention sowie generell die Versorgung Betroffener gehört.

Geschichtlich kommt der Begriff aus dem Amerikanischen, wo „clinic(al)" ein weiteres Bedeutungsspektrum als die deutsche „Klinik" hat. 1896 gründete Lightner Witmer, Schüler des deutschen Psychologen Wilhelm Wundt, an der University of Pennsylvania eine „Psychological Clinic": Dies markierte auch das bedeutsamer Werden der akademischen Psychologie für den Bereich der psychischen Störungen bzw. deren Versorgung.

Typisch für die (klinisch-)psychologische Herangehensweise ist, dass Phänomene eher dimensional (als mehr oder weniger vorhanden) und nicht kategorial (vorhanden vs. nicht vorhanden) betrachtet werden, und dass psychische Störungen im Prinzip mit denselben Konzepten erklärt werden, die auch für das „normale" menschliche Verhalten und Erleben und für deren Veränderung verwendet werden.

Bei Studierenden der Psychologie spielt die Klinische Psychologie seit Langem eine besondere Rolle. In allen deutschsprachigen Ländern wählen von allen psychologischen Fächern die meisten Studierenden die Klinische Psychologie. Das hängt auch damit zusammen, dass viele Studienanfänger Psychotherapeuten werden wollen. Viele entdecken erst während des Studiums, dass es auch andere interessante Gebiete gibt. Wer Psychotherapeut werden will, muss aber derzeit in Deutschland Klinische Psychologie (oder Medizin) studieren, während z. B. in der Schweiz nur ein hinreichender Teil des Psychologie-Studiums diesem Fach gewidmet sein muss. Derzeit (2017) ist ein Direktstudium mit einem Masterabschluss in Psychotherapie in Diskussion. Ob es wirklich eingeführt wird und was das für Konsequenzen für die Klinische Psychologie und Psychologie generell haben würde, ist offen.

Die Psychiatrie ist der Teil der Medizin, der sich mit psychischen Störungen beschäftigt. Psychiater sind Ärzte, bei denen im Studium das körperliche Funktionieren und Möglichkeiten, dieses mit biologischen Mitteln zu beeinflussen, im Vordergrund stehen. Ärzte verfügen dementsprechend auch über biologische Mittel der Behandlung, von den im Vordergrund stehenden Psychopharmaka bis hin zur selten angewendeten Elektrokrampftherapie. Die Anforderungen an ihre Psychotherapieausbildung sind dagegen geringer als die für Psychologen.

1.2 Geschichte

Die heute gängigen Auffassungen von psychischen Störungen und dem Umgang damit sollten nicht zu selbstverständlich als gegeben gesehen werden. Deshalb wird in diesem Kapitel der Geschichte erheblich Platz eingeräumt. Die Geschichte der Klinischen Psychologie ist stark verbunden mit der Geschichte der Psychiatrie. Sie kann, sollte aber nicht nur aus der Perspektive der bedeutenden Vertreter des Faches betrachtet werden: Die Entwicklung der Lage für die von psychischen Problemen Betroffenen ist letztlich das Zentrale, wobei diese natürlich auch wiederum von wichtigen Entwicklungen in der Sicht von psychischen Störungen und den Behandlungsmöglichkeiten abhing. Ein sehr empfehlenswerter Klassiker, bei dem die Sicht der Betroffenen im Vordergrund steht, ist das Buch „Irren ist menschlich" von Dörner und Plog (23. Aufl.; Dörner et al. 2015).

1.2 Geschichte

Der Umgang mit und die Lage der Betroffenen hat sich über die letzten Jahrhunderte enorm verändert. Aus dieser Entwicklung können hier nur wenige Meilensteine und Umbrüche berichtet werden. Psychische Störungen gab und gibt es in allen Kulturen und Ethnien. Der Reim, den sich die jeweilige Umgebung, die unmittelbar Betroffenen selber und die, die als Fachleute dafür galten, aus psychischen Störungen machten und welche Mittel ergriffen wurden oder nicht ergriffen wurden, hing stark vom jeweiligen Weltbild, vom Ausmaß an Einsicht in das, was heute als gültig angesehen wird, von religiösen Vorstellungen, von biologischen Modellen, von Bedürfnissen der Gesellschaft u. a. m. ab.

Schon aus prähistorischen Gesellschaften stammen Funde von Schädeln, bei denen offenbar Schädeldecken systematisch geöffnet wurden – die verheilten Ränder zeigen, dass man das auch damals schon überleben konnte. Auch wenn die Lokalisation psychischer Störungen im Gehirn erst später eindeutiger wurde, ist es plausibel, dass mit den Trepanationen psychische Störungen geheilt werden sollten.

Unerklärliches, wie Blitz, Donner, Sonnenfinsternisse, und eben auch psychische Störungen wurden dem Denken entsprechend mit Göttern und Dämonen in Verbindung gebracht. In primitiven Gesellschaften findet sich zudem die Vorstellung, dass böse Geister durch Erschrecken oder durch Verabreichen übel riechender/schmeckender Substanzen, aber natürlich auch Riten und Gebete veranlasst werden könnten, einen besessenen Körper zu verlassen. Abstrus? Markus 5, 8–13: Christus soll einen Mann mit „unreinem Geist" geheilt haben, indem er Teufel aus ihm vertrieb und in eine Herde Schweine jagte, die sich dann von einem Abhang ins Meer gestürzt hätten und ertrunken seien.

Differenziertere Aufzeichnungen finden sich bei den alten Griechen: Psychische Störungen wurden mit natürlichen körperlichen Ursachen erklärt, u. a. Phrenitis = Gehirnfieber, wodurch sich die Zuständigkeit vom Priester zum Arzt verschob (Hippokrates), wobei die Dämonologie im alten Griechenland und Rom ebenfalls weiter lebte. Hippokrates war ein sehr genauer Beobachter, lag aber mit seiner „humoralen Pathologie" (Gleichgewicht der vier Körpersäfte Blut, schwarze Galle, gelbe Galle und Schleim als Bedingung für Gesundheit) aus heutiger Sicht recht daneben. Modern erscheinen aus Sicht der heutigen Kognitiven Therapie Thesen von Demokrit, dass es nicht die Dinge selber seien, die uns beunruhigen, sondern die Gedanken, die wir uns dazu machen.

Das Mittelalter brachte ein Absterben des „modernen" medizinischen Einflusses und einen Aufstieg der Kirche. Klöster kümmerten sich um Kranke, auch mit Kräutern, deren Wirksamkeit noch heute anerkannt ist. Gegen psychische Krankheiten wurden Gebete eingesetzt, Berührung mit Reliquien, Tränke, Einsperren in Käfige oder Ausgrenzung und Herumirren von psychisch Gestörten.

Vom 13. Jahrhundert an traten viele Seuchen und Hungersnöte auf: Das Volk erschien wie vom Teufel besessen: Die wirkliche oder angebliche Hexerei hatte ihre Hochblüte. 1484 ließ Papst Innozenz VIII (man beachte seinen Namen, „Der Unschuldige"!) verlauten: „Bei der Verfolgung der Hexen soll kein Stein auf dem anderen gelassen werden". Zwei nach Norddeutschland entsandte Dominikanermönche schrieben den „Hexenhammer" (das gültige *Manual* für Hexenjagd). Später mit Hysterie in Zusammenhang gebrachte Parästhesien (lokale Schmerzunempfindlichkeit) galten als Zeichen für einen Pakt mit dem Teufel.

Bis Ende des 15. Jahrhunderts (Ende der Kreuzzüge) waren eingeschleppte Infektionskrankheiten wie der Aussatz, ein großes Problem, in dessen Schatten psychische Krankheiten weniger beachtet wurden. Im 15./16. Jhdt.: Internierung psychisch Kranker zusammen mit Bettlern, z. T. in ehemaligen Lepra-Krankenhäusern. Es herrschten chaotische Zustände, psychisch Kranke waren auch Touristenattraktion gegen Eintrittsgeld.

Im Übergang zur Moderne wurden in Städten auch für psychisch Kranke Spitäler gebaut. Psychische Krankheiten waren nun wieder Domäne der Ärzte. Das bedeutete aber nicht einfach Fortschritt: Benjamin Rush, der als Vater der amerikanischen Psychiatrie gilt, sah „Übermässigen Blutandrang im Hirn" als Ursache psychischer Störungen. Deshalb nahm man Patienten Blut ab, und – siehe da! – sie wurden ruhiger. Ein gutes Beispiel für eine Schein-Bestätigung einer Verursachungs-Hypothese durch den Erfolg einer daraus abgeleiteten Behandlung! Rush setzte auch auf Erschrecken der Patienten, z. B. durch Überzeugen, dass der Tod bevorstehe. Ein anderer Arzt in den USA setzte dazu Versenken von Patienten in einem Tank ein, „bis keine Luftblasen mehr aufsteigen …".

Eine wichtige Entwicklung war die Humanitäre Behandlung: Pinel wehrte sich zur Zeit der französischen Revolution gegen ein Halten von Patienten wie Tiere zugunsten ihrer Befreiung. Viele wurden dadurch ruhiger: Ein Beleg für iatrogene (=durch ungünstiges Behandlerverhalten verursachte) Schäden. Pinel nahm an, dass den Patienten traumatisierende Ereignisse den Verstand geraubt haben und dass es Würde und Zuspruch brauche. Die bessere Behandlung blieb allerdings besseren Schichten vorbehalten. William Tuke (ein Quäker) setzte sich für mehr Kliniken mit humanitärer Behandlung: z. B. Vorlesen, Anhalten zu sinnvollen Aktivitäten ein. Auch in den USA konnten aber Massenanstalten eine solche Behandlungsform nicht bieten.

Die 2. Hälfte des 19. Jahrhunderts brachte eine biologische Wende: Sie hatte den Nebeneffekt, dass Geld für Gehälter der Pflegenden jetzt in Laboratorien und klinische Ausrüstung ging. Allerdings zeigen neuere Analysen, dass man nur teilweise zu Recht der „moralischen Behandlung" nachtrauert: Sie bestand für die Massen de facto meistens aus Alkohol, Cannabis, Opium und Chloralhydrat („K.O.-Tropfen").

1.2 Geschichte

Der deutsche Arzt Wilhelm Griesinger forderte (wie schon Hippokrates): Bei jeder Diagnose einer psychischen Störung muss eine physiologische Ursache spezifiziert werden. Er wird oft als Protagonist der neurobiologischen Welle zitiert. Weniger bekannt ist seine Äußerung

> Wüssten wir auch Alles, was im Gehirn bei seiner Thätigkeit vorgeht, ... – was nützte es? Alle Schwingungen und Vibrationen, alles Electrische und Mechanische ist doch immer noch kein Seelenzustand, kein Vorstellen. ... Was soll man nun zu dem platten und seichten Materialismus sagen, der die allgemeinsten und werthvollsten Thatsachen des menschlichen Bewusstseins über Bord werfen möchte, weil sie sich nicht im Gehirne mit Händen greifen lassen? (Griesinger 1861, S. 6, 7).

Emil Kraepelin gruppierte in seinem Lehrbuch der Psychiatrie und Klassifikation Symptome zu Syndromen und lieferte, auch wenn sich einiges als änderungsbedürftig erwies, die Basis für noch heute gültige Klassifikationssysteme: Er hob auch den *Verlauf* bei psychischen Störungen als wichtiges Kriterium hervor. Er nahm an, dass die festgestellte Ordnung durch physische Ursachen belegt werden kann. Konsequent biologisch denkend fand er das Gespräch mit Patienten diagnostisch nicht so wichtig.

In der zweiten Hälfte des 19. Jahrhunderts wurden einige physiologische Anomalien bei Psychosen und Oligophrenie entdeckt, und noch wichtiger: Pasteur entwickelte die Keimtheorie der Paralyse, die (wie wir heute wissen: als Spätentwicklung unbehandelter Syphilis) damals die Psychiatrien füllte. Das gab der übergeneralisierten Erwartung Auftrieb, bei allen psychischen Störungen über kurz oder lang biologische Ursachen zu finden. Interessant auch die zunächst konkurrierende Theorie, die Meerwasser-Bespritzungs-Hypothese: Man hatte richtig epidemiologisch beobachtet, dass Seeleute besonders häufig betroffen waren, und dann überlegt, was diese von anderen Bevölkerungsgruppen unterschied: Eben, die häufigere Bespritzung mit Meerwasser, die man dann fälschlicherweise kausal interpretierte. Bei genauerem Hinsehen hätte man wohl auch gefunden, dass ebenfalls dem Meerwasser ausgesetzte lokale Fischer weniger unter Paralyse litten.

Nach einigem Hin und Her und einigen Vorläufern, war es dann Freud, der auf dem Hintergrund eines noch stark biologischen Denkens zwischen 1895 und 1910 mit seinen ersten einflussreichen, aber auch stark angefeindeten Schriften wieder ein im weiteren Sinn psychologischeres Denken einführte. Die jüngere Geschichte mit Konkurrenten wie Rogers, Skinner und anderen ist besser bekannt und wird hier kurz gehalten.

Es sei aber noch darauf hingewiesen, dass gesellschaftliche Bedürfnisse weiterhin eine große Rolle spielten und spielen. Das gilt u. a. für das Aussortieren derer, die aufgrund psychischer Störungen den Sprung in die Industrialisierung mit ihren höheren Anforderungen an Zuverlässigkeit an teuren Maschinen nicht schafften oder mit der Entstehung von Kleinfamilien die Nische in einer ländlichen Großfamilie verloren und damit vermehrt auf professionelle Hilfe angewiesen waren und sind. Ein anderes Beispiel ist der Entwicklungsschub, den die klinische Diagnostik durch Bedürfnisse der US-Armee in großen Kriegen erfuhr. Oder die Rolle, die heutzutage Interventionen gegen Burn-out zukommt, wenn es darum geht, überforderte Arbeitnehmer wieder fit zu machen.

Über die Geschichte des Umgangs mit psychischen Störungen kann man im deutschen Sprachraum nicht schreiben, ohne auf die Euthanasien unter dem Nazi-Regime hinzuweisen, bei denen unter Mitwirkung zahlreicher Psychiater in der „Aktion T4" über 70.000 psychisch gestörte und körperlich behinderte Menschen vergast wurden. Dazu kamen rund 400.000 Zwangssterilisierungen.

Die neueste Welle, in den USA radikal, ist die neurobiologische Welle. Sie hat einiges an Erkenntnissen gebracht, aber mehr im Bereich der Grundlagen. Erwartungen, dass neurobiologische Forschung auch die Praxis des qualifizierten Umganges mit psychischen Problemen schnell ändern würde, haben sich nicht erfüllt. Schnelle praktisch bedeutsame Ergebnisse haben seriöse neurobiologische Grundlagenforscher aber auch nie versprochen. Pharmakonzerne sehen überrissene Erwartungen schon seit Jahren enttäuscht und haben sich weitgehend aus dieser Art von Forschung zurückgezogen. Umso mehr war und ist neurobiologische Forschung auf öffentliches Geld angewiesen, und viel wurde aus anderen Zweigen, wie auch der praxisorientierten Psychotherapieforschung abgezogen. Das Pendel schwingt jetzt aber zurück …

1.3 Psychische Störungen

1.3.1 Begriff und Kriterien

In verschiedenen Kontexten werden unterschiedliche Begriffe bevorzugt, vor allem im medizinischen Kontext oft der Begriff „psychische Krankheit". Es ist naheliegend, dass damit auch schon die Sichtweise (also eher biologisch als psychosozial) und Behandlungspräferenzen (eher biologisch als psychotherapeutisch) vorgespurt werden. Hier wird der als neutraler empfundene Begriff „psychische Störung" bevorzugt (Caspar et al. 2016a).

1.3 Psychische Störungen

Die gängigen Kriterien für das Vorliegen einer psychischen Störung sind:

- Leidensdruck (bei sich und anderen)
- Selbstgefährdung
- Fremdgefährdung
- Ich-dyston, ich-synton (wird das, was als problematisch bezeichnet werden kann, als fremd oder als selbstverständlicher Teil des eigenen Funktionierens erlebt?)

Das letztere Kriterium wurde im Zuge einer genaueren Beschäftigung mit Persönlichkeitsstörungen aktuell: Generell gilt Ich-Syntonie als Merkmal von Persönlichkeitsstörungen[1], da sie – obwohl die auffälligen Phänomene aufgrund anderer Kriterien als Störung gesehen werden – dem Betroffenen erschwert, sich dieser Sicht anzuschließen und ggf. auch Therapie zu suchen.

Auch nach Auffassung der gängigen diagnostischen Systeme, die ja alles tun, um mit möglichst klaren, operationalen Definitionen aufzuwarten, ist „Störung" kein exakter Begriff. Die Verwendung des Begriffes in den Klassifikationssystemen soll einen klinisch erkennbaren Komplex von Symptomen oder Verhaltensauffälligkeiten anzeigen, die mit Belastung und mit Beeinträchtigung von Funktionen verbunden sind (ICD; International Classification of Diseases). Soziale Abweichungen oder soziale Konflikte allein, ohne persönliche Beeinträchtigungen werden nicht als psychische Störung angesehen.

Ein Stück weit hat die weit verbreitete Verwendung der diagnostischen Systeme ICD und DSM (Diagnostic and Statistical Manual of Mental Disorders) die grundsätzlichere Diskussion um Grenzen zwischen normal und gestört abgelöst (s. Kap. 2): Es geht jetzt um die Frage, ob die Kriterien für eine oder mehrere Störungen erfüllt sind. Wenn das der Fall ist, dann wird automatisch auch davon ausgegangen, dass das vorliegende Problem Störungswert hat.

1.3.2 Phänomenologie

Die Phänomenologie ist die Beschreibung psychischer Störungen: Welche Phänomene treten regelmäßig zusammen auf und könnten von daher zusammengehören? Dabei wird möglichst vorannahmelos vorgegangen, d. h., man versucht, nicht von Anfang an von bestimmten Ursachen auszugehen. Phänomenologisch zu beschreiben ist in der Philosophie verwurzelt.

---

[1]Außer Borderline-Persönlichkeitsstörung.

1.3.3 Diagnostik

Ziel der Diagnostik ist die klare Zuordnung von Phänomenen und betroffenen Menschen zu Kategorien oder die Beschreibung nach Dimensionen. Wären alle Menschen gleich, dann würde ihnen auch eine uniforme Psychotherapie helfen und wir bräuchten keine Diagnostik. Dem ist aber nicht so: In der Psychotherapie ist Diagnostik u. a. für die Indikationsstellung, für das Verständnis funktionaler Zusammenhänge und generell für das Nutzen störungsspezifischen Wissens für den Einzelfall, für die Veränderungsmessung, Verlaufskontrolle und Qualitätssicherung von essenzieller Bedeutung. Dominierend sind dabei derzeit die zwei großen Klassifikationssysteme DSM und ICD. Im englischen Sprachraum werden Merkmale sogar als „nondiagnostic" bezeichnet, die nicht in engem Zusammenhang mit *Störungs*diagnostik stehen. Im deutschen Sprachraum wird i. A. von einem viel breiteren Verständnis ausgegangen, das u. a. psychotherapeutische Fallkonzeptionen und interpersonale Diagnostik (z. B. das Inventar Interpersonaler Probleme IIP, Horowitz et al.) mit einschließt. Klinische Diagnostik war für die Psychologie insofern besonders bedeutsam, als Psychologen (v. a. in Kliniken) über lange Zeit eher die Rolle von Diagnostikern als von Therapeuten hatten.

Der früher in der Psychiatrie gehörte Spruch „vor die Therapie hat Gott die Diagnose gestellt" ist zu relativieren: Es gibt Menschen, die eindeutig behandlungsbedürftig sind, ohne dass eine klare Diagnose auf sie passt. Diagnostik hört auch mit Therapiebeginn nicht auf. Neue Information kann zu einer Erweiterung oder Präzisierung der Diagnose im engeren Sinn führen, bei erfolgreicher Therapie trifft sie oft zu Ende der Therapie auch nicht mehr zu. Diagnostik im weiteren Sinne sollte fortlaufend zur Verlaufskontrolle und Qualitätssicherung, vor allem aber zur Versorgung des Therapeuten mit weiteren Informationen betrieben werden. Genaueres zur Diagnostik folgt in Kap. 2.

1.3.4 Epidemiologie

Der Begriff „Epidemiologie" stammt vom griechischen „epi demou" = aufs Volk, im Sinne von: wie medizinische oder eben auch psychische Probleme über die Bevölkerung verteilt sind. Zu unterscheiden ist die deskriptive und die analytische Epidemiologie. Bei ersterer geht es nur darum, Zahlen zu kennen, z. B. zur Frage der Zunahme oder Nicht-Zunahme psychischer Störungen über die Jahre als Basis für eine Versorgungsplanung. Die Analytische Epidemiologie versucht, aus Beobachtungen zum Auftreten und Verlauf psychischer Störungen Schlüsse auch über kausale Zusammenhänge zu ziehen.

Ein interessanter, im Ansatz nicht schlechter, aber durch Mängel beim Einbeziehen weiterer Zahlen (Unter-Kategorien von Seeleuten) und Fehlen von adäquaten Krankheitsmodellen misslungener Ansatz, wurde oben (Seewasser-Bespritzungs-Hypothese für Progressive Paralyse) bereits erwähnt. Heute geschieht die Ableitung kausaler Hypothesen natürlich sorgfältiger. Genaueres zur Epidemiologie folgt in Kap. 3.

1.3.5 Ätiologie

Die Ätiologie ist das Gebiet (hier: der Klinischen Psychologie), das sich mit der Frage der Ursachen („aitios" griechisch = schuldig) hinter Entstehung und Aufrechterhaltung psychischer Störungen beschäftigt. Die Frage nach Ursachen ist natürlich in sich interessant, und darüber hinaus für Interventionen äußerst wichtig, wenn sie auf einem guten Verständnis beruhen sollen: Wenn man das Wirken von Faktoren nicht begreift, die hinter einer Störung stecken, ist es auch schwer, wirkungsvoll zu intervenieren. Genaueres zur Ätiologie folgt in Kap. 3.

1.4 Psychotherapie

Psychotherapie ist die gezielte professionelle Behandlung psychischer und/oder psychisch bedingter körperlicher Störungen mit psychologischen Mitteln. Immer gehören zur Psychotherapie spezifische Techniken, namentlich Verhaltensübungen, emotionsaktivierende Übungen, Entspannungsübungen, aber auch der Einsatz kreativer Medien, können dazu kommen. Wenn von Kombinationsbehandlung die Rede ist, ist i. A. der kombinierte Einsatz von psychotherapeutischer und medikamentöser Therapie gemeint, der nur beschränkt und bei präziser Indikation vorteilhaft ist (Herpertz und Riedel-Heller 2016). So können Psychopharmaka dazu beitragen, dass schwerer belastete Patienten überhaupt für Psychotherapie zugänglich werden, und Psychotherapie kann dazu beitragen, dass Patienten bereit sind, verschriebene Medikamente einzunehmen. Gerade bei der Behandlung von Angststörungen kann eine Kombination aber auch ungünstig sein, wenn Medikamente die Wirkung von Psychotherapie unterlaufen.

Traditionell haben Therapieschulen, wie Psychoanalyse, Verhaltenstherapie, Gesprächspsychotherapie, u. a. m. das Feld beherrscht, die sich oft um Gründerpersönlichkeiten gebildet haben. Immer mehr werden aber im Sinne einer Allgemeinen Psychotherapie (Grawe 1998) Schulgrenzen überwunden und Psychotherapeuten nehmen eine integrative Haltung ein. Ein typischer Weg ist dabei die „assimilative Integration", d. h. Psychotherapeuten erlernen zunächst einen Ansatz und integrieren dann, wenn sie an dessen Grenzen stoßen, weitere Elemente, die sie für nützlich halten. Integration findet dabei meist auf mittlerer Ebene statt, d. h. es werden auf der Basis einer pragmatischen Grundhaltung nicht ganze Ansätze auf höchster theoretischer Ebene integriert, und es werden auch nicht im Sinne eines vielfach kritisierten „technischen Eklektizismus" evtl. erklären einfach konzeptlos Techniken zusammen gemischt. Vielmehr werden explizit oder implizit Wirkfaktoren-Modellen folgend Konzepte mittlerer Reichweite, verbunden mit konkreten Interventionsmethoden integriert („wie kann ich meinen Patienten noch besser helfen, ihr eigenes Funktionieren zu verstehen?", „wie kann ich noch besser mit ihren Emotionen arbeiten?", „wie kann ich ihnen noch besser helfen, Probleme konkret zu bewältigen?"; Caspar et al. 2016b). Einige der neueren, sich als integrativ verstehenden Ansätze sind wie die traditionellen Psychotherapieschulen mit bestimmten Personen und Institutionen verbunden und laufen Gefahr, zwar einige Schwächen der traditionellen Schulen zu überwinden, mittelfristig aber genauso an ihre Grenzen zu stoßen (s. Kap. 4).

Eine moderne Auffassung von Psychotherapie bedeutet, Annahmen zu Ätiologie, Wirkweise und Wirksamkeit einer konsequenten empirischen Überprüfung zu unterziehen. Nicht selten werden dabei Annahmen als Mythen entlarvt und auch Wirksamkeitsberichte erweisen sich als übertrieben. „Bona fide" Psychotherapie (damit sind die Verfahren gemeint, die Konzepte und Interventionsmethoden gut definiert haben und sich grundsätzlich auch empirischen Überprüfungen stellen) kann sich aber im Wirkungsvergleich mit allgemein anerkannten somatisch-medizinischen Interventionen gut sehen lassen.

Interessant ist, dass dabei immer wieder im direkten Wirkungsvergleich zwischen „bona fide" Psychotherapieansätzen untereinander das sog. „Äquivalenzparadox" beobachtet wird. Damit ist gemeint, dass *im Durchschnitt* über viele Patienten sehr oft nicht ein Verfahren besser als ein Vergleichsverfahren abschneidet (Äquivalenz), was insofern als paradox empfunden wird, als die Verfahren und die damit verbundenen Veränderungsprozesse sich stark unterscheiden können. Die Interpretation dieser Befunde ist sehr unterschiedlich: die Wirkung sei eben fast gleich; dieses Bild ergebe sich nur durch die Mittelung, während die Wirkung in Wirklichkeit von Patient zu Patient sehr unterschiedlich sein könne; die ähnliche Wirkung sei darauf zurückzuführen, dass die „common factors", also die Faktoren, die in jeder Form von Therapie die Wirkung mit bestimmen (wie die Therapiebeziehung), das Ergebnis eben sehr stark bestimmen. Zu jeder dieser Sichtweisen gibt es Argumente und Gegenargumente.

Zu professioneller Psychotherapie gehört auch eine qualifizierte Ausbildung, in der Konzepte und Methoden vermittelt und praktisch vertieft werden. Das schließt auch die Vermittlung von Kenntnissen, von Gefahren und möglichen negativen Nebenwirkungen mit ein. Zur Praxis sollte darüber hinaus eine gute empirische Prüfung von Prozess und Wirkung von Ausbildungstherapien gehören. In vielen Ländern wird für eine Zertifizierung als Psychotherapeut neben einer größeren Zahl an Supervisionsstunden auch psychotherapeutische Selbsterfahrung verlangt. Angehende Therapeuten sollen dabei nicht nur Probleme in den Griff bekommen, die sie selber mit in die Ausbildung gebracht haben. Sie sollen sich darüber hinaus mit ihren Stärken und Schwächen so gut kennen lernen, dass sie in der Lage sind, zu unterscheiden, welche ihrer Reaktionen auf Patienten eher mit diesen und welche eher mit eigenen Besonderheiten zu tun haben.

1.5 Forschungsansätze

Bei der Breite der Klinischen Psychologie als Fach erstaunt es nicht, dass auch bei den Forschungsmethoden ein breites Spektrum besteht. Kennzeichnend für einen guten Teil der Forschung ist, dass nicht einfach eine große Zahl studentischer Versuchspersonen untersucht werden kann, sondern dass es wichtig ist, die Personen zu untersuchen, die als repräsentative Vertreter derer angesehen werden können, zu denen man wirklich Erkenntnisse gewinnen will. Das ist ein Aspekt der „klinischen" oder „externen Validität". Epidemiologische Untersuchungen zum Vorkommen psychischer Störungen sollten sich nicht einfach mit denen befassen, die in Behandlung („behandelte Prävalenz") oder administrativ erfasst sind („administrative Prävalenz"), es sei denn, man sei tatsächlich genau an diesen eingeschränkten Werten interessiert. Will man die „wahre Prävalenz" erfassen, ist ein bedeutend höherer Aufwand unter Berücksichtigung aller möglicher unerwünschten (Selbst-)Selektionsfaktoren notwendig. Bei Therapien sollte nicht hochselektiv nur eine monosymptomatische Gruppe untersucht werden, die so in der verbreiteten Praxis kaum anzutreffen ist.

Ein mit dem Bemühen um externe Validität verbundenes Anliegen bzw. Problem ist, dass in vielen Untersuchungen nur kleine Personenzahlen einbezogen werden können. Einerseits sind Gruppen oft von Natur aus klein (z. B. Patienten mit Schizophrenie, die noch nie ein Neuroleptikum eingenommen haben), andererseits erstreckt sich in experimentellen Designs, wenn es sich um realistische Therapien handelt, eine Datenaufzeichnung pro Person nicht mal eben 30 oder 60 min sondern auch bei begrenzter Sitzungszahl durch Ferien und Krankheiten schnell mal über ein Jahr, mit Follow-up (=Erfassung der Langzeitwirkung) natürlich entsprechend länger. Poweranalysen (wie viele Personen brauche ich, damit ein wahrer Effekt realistischer Größe eine ausreichend gute Chance hat, signifikant zu werden?) sind deshalb unerlässlich.

Kleine Zahlen zusammen mit dem Wunsch, Prozesse wirklich genau und individuell zu verstehen, führen auch häufig zu einem qualitativen Vorgehen. Dieses ist, auf hohem Niveau durchgeführt, methodisch ebenso anspruchsvoll wie das in der Psychologie sonst verbreitetere quantitative Vorgehen. Oft sind Kombinationen sinnvoll.

In jüngerer Zeit wurde viel um RCTs (Randomisierte Kontrollierte Studien) diskutiert. Für Viele gelten oder galten diese als methodischer „gold standard" in der Interventionsforschung. Sie erfordern, dass genau bekannt ist, was die Interventionen sind/waren (was viele fälschlicherweise nur mit Manualisierung für erreichbar halten) und dass die Patienten den verschiedenen Versuchsbedingungen per Zufall zugewiesen werden. Um unterschiedliche Ergebnisse kausal mit unterschiedlichen Interventionsformen in Verbindung zu bringen, sind solche Designs nicht ganz alternativlos, aber nach wie vor am stringentesten. Kritik entzündet sich aber an der Frage, ob die oft (wenn auch nicht notwendigerweise) hoch selegierten Patienten wirklich repräsentativ sind, und ob die (ebenfalls nicht alternativlose enge Manualisierung) der klinischen Realität angemessen ist. Tatsächlich wurden RCTs weil sie übergeneralisiert als hochwertigste Designs gehandelt wurden, auch verwendet, wo sie gar nicht wirklich Fragen klären können, die für die Praxis relevant sind.

Psychotherapieforschung hat sich von der ursprünglichen Frage, ob Psychotherapie überhaupt wirkt, zunächst „horse race"-Fragestellungen zugewendet (welche Therapieschule oder Therapieform wirkt besser?). Der „Uniformitäts-Mythos" (dass Psychotherapie für alle Patienten und durch alle Therapeuten unter allen weiteren Umständen gleich wirke) wurde infrage gestellt. Sog. „differentielle" Wirkungsforschung ist aber nach wie vor nicht Standard. Der Versuch, meist störungsspezifische Interventionsansätze als Standardverfahren mit verbriefter Wirksamkeit zu entwickeln, hat auch dazu beigetragen, die Komplexität von Psychotherapie (namentlich den Beitrag der Therapiebeziehung und der Therapeuten als Personen) weniger zu beachten. Im Vordergrund standen auch Untersuchungen zur Wirksamkeit, weniger zur Wirk*weise,* die aber für Therapieplanung in der Praxis essenziell ist. Fatal ist auch, dass in den USA der Löwenanteil an Forschungsmitteln nach wie vor in neurobiologische Forschung gesteckt wird. Forschungsförderung in Europa ist glücklicherweise diversifizierter. Klar ist, dass die Weiterentwicklung einer empirisch fundierten Klinischen Psychologie auch stark vom Einsatz von Mitteln in der Forschungsförderung abhängen wird.

1.6 Verständnisfragen

Fragen
1. Was ist mit dimensional vs. kategorial gemeint und für welche Fächer ist was davon typisch?
2. Wovon hing der Einfluss der Medizin auf die Sichtweise und Behandlung von psychischen Störungen ab?
3. Welches sind allgemeine Kriterien für das Vorliegen einer psychischen Störung?
4. Welches sind die wichtigsten Teilgebiete der Klinischen Psychologie?

Literatur

Auckenthaler, A. (2011). *Kurzlehrbuch der Klinischen Psychologie und Psychotherapie.* Stuttgart: Thieme.
Caspar, F., Berger, T., Lotz-Rambaldi, W., & Hohagen, F. (2013). Internetbasierte Psychotherapie und E-Mental-Health. *Verhaltenstherapie, 23,* 137–139.
Caspar, F., Herpertz, S., & Lieb, K. (2016a). Was ist eine psychische Störung? In S. Herpertz, F. Caspar, & K. Lieb (Hrsg.), *Psychotherapie, Funktions- und störungsorientiertes Vorgehen.* München: Elsevier.
Caspar, F., Herpertz, S., & Lieb, K. (2016b). Was ist Psychotherapie? In S. Herpertz, F. Caspar, & K. Lieb (Hrsg.), *Psychotherapie, Funktions- und störungsorientiertes Vorgehen.* München: Elsevier.
Dörner, K., Plog, U., Teller, C., & Wendt, F. (2015). *Irren ist menschlich.* (23. Aufl.). Gütersloh: Psychiatrie Verlag.
Grawe, K. (1998). *Psychologische Therapie.* Göttingen: Hogrefe.
Griesinger, W. (1861). *Die Pathologie und Therapie der psychischen Krankheiten für Ärzte und Studirende [Studierende]* (2., umgearbeitete und sehr vermehrte Aufl.). Stuttgart: Krabbe.
Hautzinger, M., & Davison, G. C. (2007). *Klinische Psychologie.* Weinheim: Beltz.
Herpertz, S., & Riedel-Heller, S. (2016). Psychotherapie als Teil eines multimodalen Behandlungskonzeptes. In S. Herpertz, F. Caspar, & K. Lieb (Hrsg.), *Psychotherapie, Funktions- und störungsorientiertes Vorgehen.* München: Elsevier.
Wittchen, H.-U., & Hoyer, J. (Hrsg.). (2011). *Klinische Psychologie & Psychotherapie.* Berlin: Springer.

Diagnostik und Klassifikation 2

Diagnostik und Klassifikation dienen in erster Linie der Behandlungsplanung sowie der Evaluation des Behandlungsverlaufs und des -ergebnisses. Dazu werden die **Symptome** von PatientInnen (z. B. Niedergeschlagenheit) im diagnostischen Prozess exploriert und u. a. mithilfe von **Klassifikationssystemen** wie ICD-10 oder DSM-5 in diagnostische Kategorien eingeordnet; diese Kategorien entsprechen **Diagnosen** (z. B. Mittelgradige depressive Episode). Da Diagnosen von psychischen Störungen allein für die Behandlungsplanung und -evaluation nicht ausreichend sind, beinhaltet Diagnostik neben der Klassifikation auch die Erfassung von störungsspezifischen (z. B. Fragebogen zum Ausmaß depressiver Symptomatik) und störungsübergreifenden Merkmalen (z. B. Erfassung relevanter Aspekte der Lebensgeschichte). Diagnosen und andere Ergebnisse des diagnostischen Prozesses können nicht nur zur psychotherapeutischen Behandlung von PatientInnen beitragen, sondern auch zur Dokumentation des Behandlungsverlaufs und zur Supervision von Therapien; sie vereinfachen die interdisziplinäre Kommunikation zwischen BehandlerInnen und sind unerlässlich für klinisch-psychologische Forschung.

Maßgeblich für den diagnostischen Prozess ist das Prinzip der **multimodalen Diagnostik.** Durch Einbezug verschiedener Datenebenen (psychologisch, biologisch, sozial, etc.), mehrerer Datenquellen (Selbstbeurteilung, Fremdbeurteilung, etc.), mehrerer Konstrukte (z. B. Wahrnehmung, Informationsverarbeitung, Emotion, Verhalten) und unterschiedlicher Verfahren (z. B. Fragebögen, Interviews, Verhaltensbeobachtung) wird sichergestellt, dass die psychischen und körperlichen Probleme von PatientInnen umfassend und differenziert erfasst werden. Die multimodale Diagnostik minimiert auch den Einfluss von Fehlerquellen, die im Diagnostizierenden (z. B. Nichtbeachtung von Kriterien, Voreingenommenheit durch theoretische Konzepte, etc.), in PatientInnen (z. B. Verschweigen von Informationen, mangelnde Introspektionsfähigkeit, etc.) und in den Klassifikationssystemen (z. B. unscharfe Definition von Symptomen) verortet sein können.

2.1 Klassifikatorische Diagnostik

Für die meisten Psychotherapie-Ansätze ist die klassifikatorische Diagnostik ein zentraler Bestandteil der Behandlungsplanung. Dabei werden Symptome und zusätzliche Informationen (z. B. Zeitverläufe) von PatientInnen erhoben und daraus mithilfe von Klassifikationssystemen Diagnosen abgeleitet. Typische, überzufällig häufige Muster von Symptomen werden zu sogenannten **Syndromen** zusammengefasst (z. B. sind die Symptome *Niedergeschlagenheit, Interessenverlust* und *Appetitlosigkeit* u. a. Teil des depressiven Syndroms). Diagnosen setzen sich aus Symptomen, Syndromen und zusätzlichen Kriterien zusammen. Zusatzkriterien können sich auf den Zeitverlauf (z. B. Symptom muss mehr als die Hälfte der Zeit über einen Monat hinweg vorliegen) oder die Abgrenzung gegenüber anderen Diagnosen beziehen, was als **Differentialdiagnostik** bezeichnet wird. Beispielsweise kann das erwähnte depressive Syndrom nicht nur bei Depression vorkommen, sondern auch im Rahmen einer Schizophrenie. Wenn die Symptome von PatientInnen in einer einzelnen diagnostischen Kategorie nicht abbildbar sind, können weitere Diagnosen vergeben werden, sofern deren Kriterien ebenfalls voll erfüllt sind. Dieses Prinzip wird **Komorbiditätsprinzip** genannt und ermöglicht simultane, **komorbide** Diagnosen. Im Kontext der klinischen Psychologie wird das gleichzeitige Vorliegen von körperlichen und psychischen Diagnosen als **Multimorbidität** bezeichnet. Der Begriff **Doppeldiagnose** ist ein Sonderfall der Komorbidität und beschreibt das gleichzeitige Vorliegen einer substanzbezogenen und einer anderen psychischen Störung (z. B. Alkoholabhängigkeit und Schizophrenie).

Die beiden wichtigsten Klassifikationssysteme für psychische Störungen sind die *International Classification of Diseases* in Version 10 (ICD-10; Dilling et al. 2000) der WHO und das *Diagnostic and Statistical Manual of Mental Disorders* in Version 5 (DSM-5) der American Psychiatric Association (2013; APA). Diese modernen Systeme sind operationalisiert, das heißt sie beinhalten explizite Kriterien für Symptome und Syndrome und darüber hinaus klare diagnostische Entscheidungsregeln, z. B. durch Ein- und Ausschlusskriterien oder Verknüpfungsregeln. Die modernen Klassifikationssysteme verzichten mit wenigen Ausnahmen bei einzelnen Störungen (z. B. bei der posttraumatischen Belastungsstörung) auf ätiologische Annahmen und sind damit deskriptiv (d. h., beschreibend). Durch operationalisierte, ätiologiefreie Klassifikationssysteme konnte die Güte der gestellten Diagnosen (d. h., deren Reliabilität) deutlich erhöht werden. Ätiologie stützt sich klassischerweise auf therapieschulspezifische Annahmen zur Verursachung psychischer Störungen, und da hier Konzepte nach wie vor auseinandergehen, war mit ätiologiegestützter Klassifikationen keine gute Reliabilität zu

2.1 Klassifikatorische Diagnostik

erreichen. Eine Störung, bei der auch aktuelle Klassifikationssysteme nicht ganz ohne ätiologische Annahme auskommen, ist die Posttraumatische Belastungsstörung. Hinter dem so bezeichneten Syndrom kausal eine Traumatisierung anzunehmen, ist aber eine sehr generelle, therapieschulunabhängige Annahme und bestätigt eher als Ausnahme die Regel der ätiologieabstinenten Kategorisierung.

Den Vorteilen der durch klassifikatorische Diagnostik bestimmten Diagnosen (Kommunikation zwischen BehandlerInnen, etc.) stehen auch Nachteile entgegen. Diese sind u. a. der große Informationsverlust (Milliarden von Menschen werden in vergleichsweise wenige Kategorien geordnet), die mögliche Reifikation (d. h. Verdinglichung) von Diagnosen („Er ist niedergeschlagen, weil er eine Depression hat") und die Stigmatisierung aufgrund von Diagnosen.

2.1.1 ICD-10

Das ICD-10 (WHO) ist ein in vielen Teilen der Welt eingesetztes System zur Klassifikation von körperlichen Erkrankungen und psychischen Störungen, das in unterschiedliche Kapitel eingeteilt ist. Im Kap. 5 (F) werden die psychischen Störungen aufgeführt. Die Codierungen aller Diagnosen psychischer Störungen beginnen mit dem Buchstaben F (z. B. *F32.1 Mittelgradige depressive Episode*). Die erste Ziffer gibt die Oberkategorie der Diagnose an (Tab. 2.1). Die zweite Ziffer identifiziert eine spezifische Gruppe von Diagnosen (z. B. *F31 Bipolare affektive*

Tab. 2.1 Übersicht der Diagnose-Kategorien im ICD-10

Kategorie	Beschreibung
F0	Organische, einschließlich symptomatischer psychischer Störungen
F1	Psychische und Verhaltensstörungen durch psychotrope Substanzen
F2	Schizophrenie, schizotype und wahnhafte Störungen
F3	Affektive Störungen
F4	Neurotische, Belastungs- und somatoforme Störungen
F5	Verhaltensauffälligkeiten mit körperlichen Störungen und Faktoren
F6	Persönlichkeits- und Verhaltensstörungen
F7	Intelligenzstörung
F8	Entwicklungsstörungen
F9	Verhaltens- und emotionale Störungen mit Beginn in der Kindheit und Jugend
F99	Nicht näher bezeichnete psychische Störungen

Störung oder *F32 Depressive Episode*). Danach folgt ein Punkt und ein oder mehrere weitere Ziffern, die die genaue Diagnose bestimmen (z. B. *F32.11 Mittelgradige depressive Episode mit somatischem Syndrom*).

Die genauen Diagnosekriterien und zusätzliche Erläuterungen finden sich in den entsprechenden Abschnitten des ICD-10 und hängen in ihrem Detailgrad von der jeweiligen Ausgabe ab: Während die Ausgabe *Klinische-diagnostischen Leitlinien* umfangreicher ist und mehr Wert auf ergänzende Erläuterungen legt, ist die Ausgabe *Diagnostische Kriterien in für Forschung und Praxis* kompakter und beinhaltet genauere Kriterien. Für Deutschland ist eine nationale Anpassung des ICD-10 gültig, die ICD-10 GM genannt wird *(German Modification)*.

Das ICD-10 ist multiaxial. Neben den auf der sogenannten Achse 1 liegenden klinischen Diagnosen ermöglicht das ICD-10 noch die Beschreibung zusätzlicher Information auf zwei weiteren Achsen. Auf Achse 2 können globale und spezifische psychosoziale Funktionseinschränkungen festgehalten werden, während auf Achse 3 Umgebungsereignisse und Probleme bei der Lebensführung und -bewältigung codiert werden (z. B. *Z55.2 Nicht bestandene Prüfungen*).

2.1.2 DSM-5

Das DSM-5 ist das US-amerikanische Klassifikationssystem und unterscheidet sich dahin gehend vom ICD-10, dass bei der Entwicklung der Stellenwert von wissenschaftlichen Befunden im Vergleich zu internationalen Konsensbestrebungen deutlich höher war. Im DSM-5 werden nur psychische Störungen und eventuell damit zusammenhängende Krankheitsfaktoren codiert.

Im Gegensatz zur Vorläuferversion DSM-IV und auch zum ICD-10 ist das DSM-5 *nicht* multiaxial. Klinische Störungen (früher: Achse I), Persönlichkeitsstörungen und Intelligenzminderung (früher: Achse II), und auch medizinische Krankheitsfaktoren (früher: Achse III) werden auf einer einzigen Achse beschrieben; das Achsenkonzept wurde somit aufgegeben. Psychosoziale und umgebungsbedingte Probleme (früher: Achse IV) sowie das globales Funktionsniveau (früher: Achse V) werden nun durch andere Instrumente erfasst. Das DSM-5 beinhaltet auch Störungen, die zuvor noch nicht beschrieben wurden, u. a. die Binge-Eating-Disorder, zwanghaftes Horten (sog. „Messie-Syndrom") und Dermatillomanie (sog. *skin picking*).

2.1.3 Klinische Interviews

Die Reliabilität von Diagnosen, das heißt die Verlässlichkeit der Diagnosestellung, kann durch die Verwendung von klinischen Interviews im Vergleich zur freien Exploration oder der Verwendung von Checklisten deutlich verbessert werden. Beispielsweise werden durch den Einsatz von Interviews komorbide Störungen seltener von Diagnostizierenden übersehen. Es werden strukturierte und standardisierte Interviews unterschieden. Bei strukturierten Interviews wie dem *Strukturierten Klinischen Interview für DSM-IV* (SKID) sind vorformulierte Fragen sowie Sprungregeln und Antwortkategorien vorgegeben. Wenn beispielsweise ein notwendiges Kriterium einer Störung nicht vorliegt, kann über die entsprechende Sprungregel direkt zum nächsten Bereich gewechselt werden. Im Ermessen der Diagnostizierenden können bei strukturierten Interviews Rückfragen gestellt oder Fragen umformuliert werden. Bei standardisierten Interviews wie dem *Diagnostischen Expertensystem für psychische Störungen* (DIA-X) ist ein Umformulieren von Fragen oder ähnliches nicht möglich, da diese Interviews noch stärker formalisiert sind.

2.2 Störungsübergreifende Diagnostik

Die indikationsorientierte, der Therapieplanung dienende Diagnostik beinhaltet neben der klassifikatorischen Diagnostik noch weitere Komponenten, die im Folgenden jeweils kurz skizziert werden.

2.2.1 Störungsübergreifende Belastung und Einschränkung

Die mit einer psychischen Störung einhergehende Belastung oder Einschränkung kann mit meist dimensionalen Instrumenten erfasst werden. Ein Beispiel für einen häufig eingesetzten Fragebogen ist die Symptom-Checkliste (SCL-90-R), mit der der sogenannte *Global Severity Index* (GSI) bestimmt werden kann. Aus Fremdeinschätzungsperspektive kann beispielsweise die *Global Assessment of Functioning Scale* (GAF) verwendet werden.

2.2.2 Anamnese der Lebensgeschichte

Die **Anamnese** hat zum Ziel, die **Vulnerabilität** für die Entstehung einer psychischen Störung sowie die Störung fördernden oder auslösenden Belastungen (Stressoren) zu explorieren. Die Leitfrage zur Exploration der Vulnerabilität kann so zusammengefasst werden: Was hat den Patienten in seiner individuellen Entwicklung für die Entstehung von psychischen Störungen und Problemen lang-, mittel- und kurzfristig anfällig gemacht? Zentrale Aspekte der Vulnerabilität sind die Familienanamnese von psychischen Störungen, Geburtskomplikationen, die Beziehungen zu wichtigen Bezugspersonen oder -gruppen über die Lebensspanne hinweg (Kind: Eltern und Geschwister; Jugend: Peers, Partner; etc.), Persönlichkeitseigenschaften (z. B. Ängstlichkeit), der Umgang mit Leistungssituation (Schule, Beruf), und einige prädisponierende Faktoren mehr. Zu den Stressoren können akute Belastungen wie traumatische Erfahrungen (Unfälle, menschgemachte Traumata, etc.), Lebensereignisse (z. B. der Tod nahestehender Personen, Jobverlust, Wechsel von Schule zu Studium/Ausbildung, etc.), und chronische Belastungen (z. B. körperliche Erkrankungen) gehören.

2.2.3 Ressourcen und Therapieziele

Im diagnostischen Prozess werden nicht nur Defizite und Problembereiche beleuchtet, sondern auch Ressourcen und Stärken. Diese können unterteilt werden in 1) Kenntnisse und Fähigkeiten (z. B. soziale Kompetenzen und hilfreiche Coping-Strategien), 2) Beziehungen und soziale Unterstützung (z. B. Familie und Freunde), 3) Motivation und Werte (z. B. Therapieziele und sinnstiftende Überzeugungen), und 4) unbelastete Lebensbereiche (z. B. Hobbys, Beruf, etc.). In Hinblick auf die anschließende Verlaufs- und Evaluationsdiagnostik (siehe Abschn. 2.4) bietet es sich an, die Therapieziele beispielsweise durch *Goal Attainment Scaling* (GAS) so spezifisch und messbar zu formulieren, dass Fortschritte in deren Richtung erfasst werden können.

2.2.4 Interpersonelle Diagnostik

Sowohl alltägliche zwischenmenschliche Probleme von PatientInnen als auch Störungen der therapeutischen Beziehung können durch einen rigiden interpersonellen Stil bedingt werden. Die interpersonelle Diagnostik erfasst solche

2.2 Störungsübergreifende Diagnostik

Regelmäßigkeiten im interpersonellen Verhalten von PatientInnen und unterstützt so die Therapieplanung (z. B. Fallkonzeption, Abschn. 2.2.5) und die Gestaltung der Therapiebeziehung. Neben der Erfassung des Bindungsstils (mithilfe der Anamnese der Lebensgeschichte oder auch entsprechender Fragebögen) wird der Abbildung des Interaktionsstils von Patienten auf dem sogenannten interpersonellen Circumplex (Kreismodell) große Bedeutung zugemessen.

Im Circumplex-Modell (Kiesler 1983) wird davon ausgegangen, dass freundliches Verhalten beim Gegenüber freundliche Verhaltensimpulse, und feindseliges Verhalten beim Gegenüber feindselige Verhaltensimpulse hervorruft (horizontale Achse des Kreismodells; Verbundenheit/Liebe). Darüber hinaus wird postuliert, dass dominantes Verhaltens beim Gegenüber submissive (unterwürfige) Verhaltensimpulse und submissives Verhalten beim Gegenüber dominante Verhaltensimpulse erzeugt (vertikale Achse des Kreismodells; Dominanz/Kontrolle), während auf der horizontalen Achse (feindselig vs. freundlich) nicht gespiegelt, sondern mit ähnlichem Verhalten reagiert wird (freundlich-freundlich, feindselig-feindselig). Wenn eine Person beispielsweise dominant-freundliches Verhalten zeigt, wird dieser spontan typischerweise mit submissiv-freundlichem Verhalten begegnet. Wenn eine Person submissiv-feindseliges Verhalten zeigt, verhalten sich Interaktionspartner oft dominant-feindselig. Therapeuten kontrollieren feindseliges Verhalten als untherapeutisch, Feindseligkeit/Ablehnung kann sich aber trotzdem aufbauen und versteckter zum Ausdruck kommen.

PatientInnen mit einem rigiden Interaktionsstil zeichnen sich dadurch aus, dass sie unabhängig von der Erfordernissen und Chancen von interpersonellen Situationen stabil ein bestimmtes interpersonelles Verhalten zeigen. PatientInnen mit chronischer Depression neigen beispielsweise dazu, submissiv-feindselig zu agieren und zu reagieren. Dadurch werden Interaktionspartner – auch TherapeutInnen – oft in interpersonelles Verhalten „gedrängt", das die Interaktion erschwert (z. B. dominant und zumindest innerlich feindselig/distanziert). Die Klärung und gegebenenfalls die Veränderung des eigenen interpersonellen Stimuluscharakters kann ein wichtiges Therapieziel darstellen. Darüber hinaus können TherapeutInnen zur Vermeidung von Therapieabbrüchen oder -störungen beitragen, indem sie auf der Basis von Kenntnissen zum rigiden interpersonellen Interaktionsstils von PatientInnen aktiv und bewusst ihr eigenes interpersonelles Verhalten regulieren (z. B. nicht dominant-feindselig auf submissiv-feindseliges Patientenverhalten reagieren) oder mit Motivorientierter Beziehungsgestaltung arbeiten (siehe Abschn. 4.4). Erfasst werden kann der interpersonelle Stil u. a. mit dem *Inventar Interpersonaler Probleme* (IIP-D; Selbsteinschätzung) oder dem *Impact Message Inventory* (IMI; Fremdeinschätzung).

2.2.5 Verhaltensanalyse und Fallkonzeption

Die bisher vorgestellten störungsübergreifenden und störungsspezifischen Instrumente haben deskriptiven Charakter. Sie liefern in Zusammenhang mit den in Störungsmodellen kondensierten wissenschaftlichen Erkenntnissen (siehe störungsspezifische Kapitel) zwar Hinweise auf die kausalen Faktoren, die bei der Entstehung von psychischen Problemen eine Rolle gespielt haben und vor allem für deren aktuelle Aufrechterhaltung relevant sein könnten; spezifische Faktoren der Entstehung und Aufrechterhaltung im Einzelfall liefern sie jedoch nicht.

Aus verhaltenstherapeutischer Perspektive wird diese Lücke durch eine sogenannte Verhaltens- und Bedingungsanalyse gefüllt. Zentral ist hier das sogenannte **SORKC-Schema,** welches maßgeblich von Kanfer auf Grundlage der operanten Konditionierung geprägt wurde (Kanfer et al. 2006; Bartling et al. 2008). Erklärt wird beim SORKC-Schema ein vom Patienten als problematisch definiertes Verhalten, beispielsweise das Vermeiden des Gangs in den Keller mit den zugehörigen Kognitionen, Emotionen und physiologischen Zuständen im Rahmen einer Spinnenphobie. Dieses Verhalten wird als Reaktion auf bestimmte Bedingungen betrachtet, weshalb es in der Abkürzung des Schemas als **R** auftaucht. Die Reaktion umfasst vier Komponenten, nämlich Kognition, Emotion, motorisches (Nicht-)Verhalten, und Physiologie. Die Bedingungen, unter denen ein Problemverhalten auftritt, werden durch die auslösende Situation **S** beschrieben. Damit ein Organismus in einer Situation verlässlich mit einem bestimmten Verhalten reagiert, sind aus lerntheoretischer Sicht bestimmte Konsequenzen des Verhaltens notwendig. Nur wenn das Verhalten (z. B. Keller vermeiden) in einer bestimmten Situation (z. B. vor der Kellertür) mit etwas Angenehmem oder dem Wegfall von etwas Unangenehmem einhergeht (z. B. Erleichterung, nicht mit einer Spinne konfrontiert gewesen zu sein), wird es aufrechterhalten. Diese Konsequenzen werden mit dem Buchstaben **C** (engl. *consequence*) beschrieben und noch weiter differenziert, beispielsweise in kurz- und langfristige Konsequenzen. Nur wenn ein Verhalten mit negativer Verstärkung (Vermeidung; Flucht) oder positiver Verstärkung (Belohnung) einhergeht, wird es aufrechterhalten. Das **O** steht für den Organismus, dessen Eigenschaften den Zusammenhang von Situation und Reaktion mitgestalten (z. B. allgemein hohe Ängstlichkeit). Das **K** steht für Kontingenz und beschreibt, ob das Verhalten nur manchmal zu einer Konsequenz führt (intermittierende Verstärkung) oder immer (kontinuierliche Verstärkung). Zur Beschreibung der Kontingenzverhältnisse gehört auch der zeitliche Abstand: Zeitnahe ist weit wirksamer als spätere Verstärkung/Bestrafung. Das wird illustriert durch die stärkere Wirkung zeitnaher, aber relativ kleiner positiver Effekte des

Rauchens im Vergleich zur massiven, aber wahrscheinlich mit einiger zeitlicher Verzögerung eintretenden krank machenden und Lebenszeit verkürzenden Wirkung.

Eine SORKC-Analyse offenbart die konkreten Ansatzpunkte im Einzelfall, an denen therapeutisch gearbeitet werden kann (z. B. Abbau von Vermeidungsverhalten mithilfe von Expositionstherapie oder Veränderung von kognitiven Prozessen über kognitive Therapie). Die innerhalb eines SORKC-Schemas durchgeführte Mikroanalyse von Problemverhalten wird durch eine Makroanalyse ergänzt, bei der die prädisponierenden, auslösenden und aufrechterhaltenen Faktoren auf höherer Abstraktionsebene zusammengeführt werden.

Durch die lerntheoretische Fundierung des SORKC-Schemas werden Reiz-Reaktions-Zusammenhänge im menschlichen Erleben und Verhalten in den Vordergrund gestellt. Menschen reagieren jedoch nicht nur auf ihre Umwelt, sie gestalten diese auch aktiv und nehmen Einfluss darauf, um ihre Bedürfnisse wie beispielsweise nach Bindung oder Selbstwert zu befriedigen. Zur differenzierten Erfassung der motivationalen Struktur, aufgrund derer Menschen ihr Erleben und Verhalten immer wieder neu konstruieren, wurde die sogenannte Plananalyse entwickelt (Caspar 2007). Diese ermöglicht das Erschließen der intrapsychischen und interpersonellen Instrumentalität von Problemverhalten, was einerseits eine umfassendere Therapieplanung fördert und andererseits den Umgang mit Problemverhalten in der Therapie erleichtert (durch Motivorientierte Beziehungsgestaltung).

Individuelle Fallkonzeptionen können therapeutisches Vorgehen auch dann anleiten, wenn klinisch relevante Probleme vorliegen ohne dass die Kriterien für eine Diagnose erfüllt wären, z. B. Probleme mit Mobbing am Arbeitsplatz, Kommunikationsprobleme mit eigenen Kindern, oder Probleme, die einer angemessenen beruflichen Entwicklung im Wege stehen. Diese können insofern therapierelevant sein, als sie massives Leiden bis hin zur Arbeitsunfähigkeit und zur Entwicklung psychischer und somatischer Störungen verursachen können.

2.3 Störungsspezifische Diagnostik

Für die meisten Diagnosen oder Diagnosegruppen wurden spezifische Instrumente entwickelt, die eine differenzierte Diagnostik erlauben und in der Regel nicht kategorial sondern dimensional sind. Zur Erfassung der Symptomschwere einer sozialen Phobie werden also andere Maße eingesetzt als zur Erfassung der Schwere eines depressiven Syndroms. Die Instrumente können in Selbst- und

Fremdbeurteilungsmaße unterteilt werden. Die Selbstbeurteilung wird in der Regel mit Fragebögen realisiert (z. B. Beck's Depression Inventory; BDI; siehe Kap. 5). Bei der Fremdbeurteilung können sowohl Fragebögen als auch spezifische Skalen eingesetzt werden (z. B. Positive and Negative Syndrome Scale; PANSS; siehe Kap. 7).

2.4 Prozess-, Verlaufs- und Evaluationsdiagnostik

Die in den vorigen Abschnitten dargestellte indikationsorientierte Diagnostik steht am Anfang einer psychotherapeutischen Behandlung. Während der Therapie stehen Prozess- und Verlaufsdiagnostik im Vordergrund. Bei der Prozessdiagnostik werden Bestandteile des Therapieprozesses meist auf Sitzungsebene erfasst, beispielsweise die Qualität der Therapiebeziehung oder das Verhältnis von Problemaktivierung und Ressourcenaktivierung. Dies hilft TherapeutInnen, Störungen in der Therapie frühzeitig zu erkennen und gegebenenfalls zu reagieren. Die Verlaufsdiagnostik dient der Erfassung von Veränderungen der Symptomatik und Zielerreichung über die Zeit hinweg. Beispielsweise kann in bestimmten Abständen der Therapiefortschritt mithilfe des GAS (siehe Abschn. 2.2.3) überprüft oder die Schwere der Symptomatik mit störungsspezifischen Maßen erfasst werden (adaptive Indikation). So kann eine Verschlechterung der Symptomatik mithilfe von Verlaufsdiagnostik erkannt und ihr möglichst frühzeitig entgegengewirkt werden (z. B. Inanspruchnahme von Supervision durch TherapeutInnen). Unabhängig von einer konkreten Behandlung können Prozess- und Verlaufsdiagnostik auch zur institutionellen Qualitätssicherung beitragen.

Die Evaluationsdiagnostik erfolgt am Ende einer Psychotherapie und ermöglicht die Beurteilung des Erfolgs und der Effektivität der Therapie. Einerseits kann der Erfolg direkt erfasst werden, z. B. über die Messung der Zielerreichung (GAS), das Wegfallen einer Diagnose oder auch eine subjektive Einschätzung. Andererseits kann der Erfolg indirekt über eine Veränderungsmessung bestimmt werden, beispielsweise durch die Differenz zwischen der per Fragebogen erfassten Symptombelastung nach und vor der Therapie. Ein Nachteil der indirekten Erfolgsmessung sind u. a. methodische Probleme (z. B. Regression zur Mitte).

2.5 Verständnisfragen

Fragen
1. Was zeichnet die multimodale Diagnostik aus?
2. Worin unterscheiden sich das US-amerikanische Klassifikationssystem DSM und das internationale System ICD?
3. Welchen Nutzen verspricht die interpersonelle Diagnostik?
4. Wofür stehen die einzelnen Buchstaben der Abkürzung SORKC?

Literatur

American Psychiatric Association. (2013). *DSM 5*. Arlington: American Psychiatric Association.
Bartling, G., Echelmeyer, L., & Engberding, M. (2008). *Problemanalyse im psychotherapeutischen Prozess: Leitfaden für die Praxis*. Stuttgart: Kohlhammer.
Caspar, F. (2007). *Beziehungen und Probleme verstehen. Eine Einführung in die therapeutische Plananalyse*. (4. Aufl., 2017 Bern). Göttingen: Hogrefe.
Dilling, H., Mombour, W., Schmidt, M. H., & Schulte-Markwort, M. (2000). *Weltgesundheitsorganisation: Internationale Klassifikation psychischer Störungen. ICD-10 Kapitel V (F). Diagnostische Kriterien für Forschung und Praxis* (3. Aufl.). Bern: Huber.
Freyberger, H. J., & Caspar, F. (2016). Diagnostik und Psychotherapie. In S. C. Herpertz, F. Caspar, & K. Lieb (Hrsg.), *Psychotherapie. Funktions- und störungsorientiertes Vorgehen* (S. 47–64). München: Elsevier.
Kanfer, F. H., Reinecker, H., & Schmelzer, D. (2006). *Selbstmanagement-therapie*. Berlin: Springer.
Kiesler, D. J. (1983). The 1982 interpersonal circle: A taxonomy for complementarity in human transactions. *Psychological Review, 90*, 185–214.

Epidemiologie und Ätiologie

3.1 Einleitung

In diesem Kapitel wird Allgemeines zu Epidemiologie und Ätiologie dargestellt. Störungsspezifisches folgt in den Kapiteln zu einzelnen Störungen.

3.2 Epidemiologie

3.2.1 Einleitung

Epidemiologie ist die Wissenschaft von der Verteilung von gesundheitsbezogenen Phänomenen in der Bevölkerung. Dabei werden eine deskriptive und eine analytische Epidemiologie unterschieden. Während die deskriptive Epidemiologie, wie der Name schon sagt, Verbreitung nur beschreibt, beschäftigt sich die analytische Epidemiologie mit Zusammenhängen und bewegt sich damit auf die Ätiologie (S. Abschn. 3.3) zu bzw. überschneidet sich mit ihr.

Es gibt Studien, die ohne weitere Differenzierung einfach die Verbreitung einer Diagnose in der Bevölkerung untersuchen. Abgesehen von solchen einfachen Studien ist in der psychopathologischen Epidemiologie typisch, dass Merkmale nicht-psychologischer Art als unabhängige und psychische Störungen als abhängige Variablen untersucht werden. Neben stabilen Merkmalen wie Gegend oder soziale Schicht ist auch der Zusammenhang mit der Zeit bzw. Veränderung über die Zeit interessant, vor allem, wenn sie mit anderen, bekannten Veränderungen in Zusammenhang gebracht werden kann (z. B. Zu-/Abnahme von Störungen nach der Wende; Suizidhäufigkeit nach Entgiftung von Stadtgas).

3.2.2 Deskriptive Epidemiologie

Allgemeines

Auch ohne weitergehende Analyse können deskriptive Ergebnisse nützlich sein. So können größere Häufigkeitsunterschiede zwischen verschiedenen Ländern/Gegenden auf Unterschiede in der Definition psychischer Störungen bzw. in der Verwendung von Diagnosen hinweisen. Für die Bedarfsplanung in der Versorgung werden Zahlen zur Häufigkeit psychischer Störungen gebraucht, ebenso für die Beurteilung der a priori-Plausibilität von Diagnosen („wenn man in Mitteleuropa Hufklappern hört, soll man nach Pferden, nicht nach Zebras Ausschau halten").

Übliche Begriffe sind *Prävalenz* (wie viele Fälle gibt es zu einer bestimmten Zeit?) und *Inzidenz* (wie viele Fälle gibt es, bei denen die Störung innerhalb eines Zeitintervalls *neu* auftritt?). Hinsichtlich der Zeitdauer kann noch zwischen Punktprävalenz (zu einem ganz bestimmten Zeitpunkt) und Periodenprävalenz (Zeitraum: Jahre, Lebenszeit, ...) unterschieden werden.

Zahlen aus der Bundesgesundheitssurvey (Wittchen und Jacobi 2001) illustrieren die Bedeutung der Länge der Periode: Für das Vorhandensein einer oder mehrerer psychischer Störungen wurde in der BRD eine oder mehrere psychischer Störungen für die Lebenszeitperiode bei 42.6 % der Bevölkerung, für 12 Monate bei 31.3 %, für 4 Wochen bei 19.8 % gefunden.

Abb. 3.1 illustriert schematisch das Zustandekommen verschiedener Kennwerte aufgrund des Zeitpunkts, zu dem eine Störung einsetzt und ihrer Dauer. Es lohnt sich, die Zählung in der Grafik einmal genau nachzuvollziehen!

Je nach Art der Erhebung werden weiter administrative (behördlich erfasste), behandelte (bei der Behandlung erfasste Fälle) und „wahre" Prävalenz unterschieden. Letztere kann immer nur eine Annäherung darstellen, es wird aber alles getan, um Verzerrungen zu vermeiden. Dazu gehört die Repräsentativität der Stichprobe, Schulung von Interviewern, Garantie von Anonymität u. a. m. Meist interessiert die „wahre" Prävalenz am meisten, sie zu erheben ist aber am weitaus aufwendigsten, und es kann natürlich auch interessant sein, einfach zu wissen, wie oft z. B. eine Störung behandelt wird – wobei dann schnell auch die Frage kommt, wie viele Prozent derer, die eine bestimmte Diagnose haben, auch behandelt werden, und dazu braucht man schon wieder die wahre Prävalenz.

Probleme mit der Aussagekraft der behandelten Prävalenz können im Zusammenhang mit der Potenzpille Viagra illustriert werden: Nach der Einführung von Viagra in Großbritannien im September 1998 stellten britische Ärzte mehr als doppelt so häufig Erektionsstörungen bei ihren Patienten fest. Im gleichen Zeitraum sank die Häufigkeit von Angina Pectoris, bei der Viagra nicht verschrieben

3.2 Epidemiologie

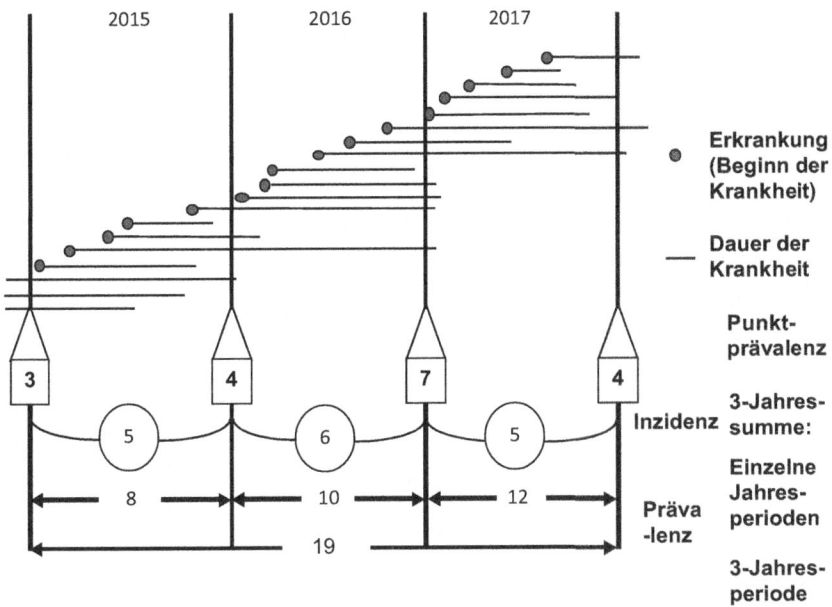

Abb. 3.1 Häufigkeit von Prävalenz und Inzidenz in Abhängigkeit von Zeitpunkt/Zeitdauer der Erhebung und der Dauer der Störung. (Nach Pflanz 1973, S. 53)

werden soll. Dass die wahre Prävalenz sich in der Zeit geändert hat, ist unwahrscheinlich, da die Zahlen für die Risikofaktoren für Angina Pectoris stabil geblieben sind. Die Interpretation, welche Faktoren hinter der größeren Häufigkeit von Erektionsstörungen und welche hinter der verringerten Häufigkeit von Angina Pectoris stecken, liegt nahe.

Abb. 3.2 illustriert am Beispiel Schizophrenie schematisch, wie wichtig eine präzise Abgrenzung der Diagnose v. a. gegenüber leichteren Indikatoren ist, weil die Häufigkeit der Fälle mit entsprechender Symptomatik nicht linear zunimmt: Die Zahl wird ja durch die Fläche, nicht die Höhe der Kurve über dem entsprechenden Segment repräsentiert. Im Bereich der leichteren Störungen bewirkt eine kleine Verschiebung der Definition ein Hinzukommen/Wegfallen von Fällen, die beim Bilden von Durchschnitten in der Gruppe im Vergleich zu den eigentlich stärker interessierenden schwereren Fällen sehr leicht ein Übergewicht erhalten.

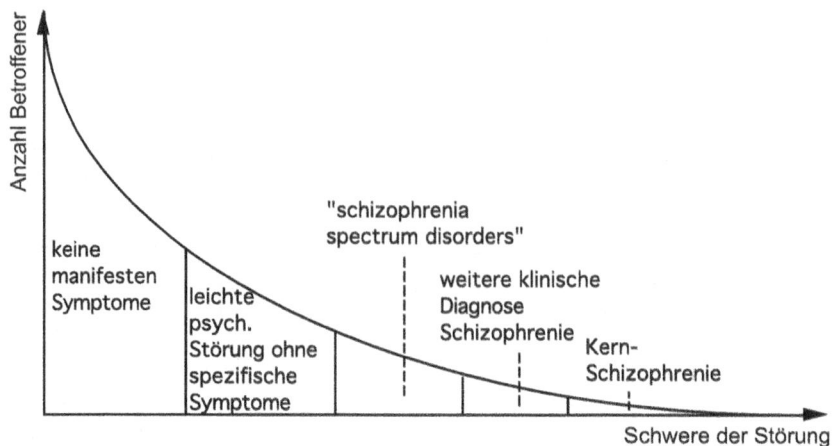

Abb. 3.2 Schematische Darstellung der Häufigkeit von Fällen in Abhängigkeit von der Schwere der Symptomatik

Ergebnisse

Einige allgemeine Befunde aus einer europäischen Studie (Wittchen et al. 2011):

- 1–5 % der Bevölkerung der untersuchten Länder hatten zum Erhebungszeitpunkt eine schwerwiegende psychische Störung
- 9–17 % der Bevölkerung hatten mindestens eine Episode einer psychischen Störung im vorangegangenen Jahr
- Psychische Störungen werden zu wenig behandelt, wobei finanziell besser gestellte Patienten mit weniger schwerwiegenden psychischen Erkrankungen eine bessere Behandlung erhalten als arme Patienten mit schwerwiegenden psychischen Störungen.

Als häufigste Diagnosen wurden gefunden: Angststörungen (14.0 %), Schlafstörungen (7.0 %), Major Depression (6.9 %), somatoforme Störungen (6.3 %), Substanzabhängigkeiten (>4 %), ADHS (5 %) bei Jungen, und Demenz (1–30 %, in Abhängigkeit vom Alter). Außer für Substanzmissbrauch und geistige Behinderung wurde kein deutlicher Einfluss von Kultur oder Nation gefunden. Bei markant niedrigeren Häufigkeiten für Substanzabhängigkeit zeigen Frauen für die meisten psychischen Störungen größere Häufigkeiten als Männer.

Für psychische Störungen sind auch hohe Gesundheitskosten (gesamt, einschl. somatisch) belegt: In einer Schweizer Studie zum Zusammenhang zwischen

Stress und Gesundheitskosten zeigte sich: Diese sind fast doppelt so hoch für Personen ohne ausreichende Stressbewältigung wie für Personen mit ausreichender Stressbewältigung, und fast sechsmal so hoch wie für Personen ohne Stress. Psychische Störungen verursachen ebenso viele Arbeitsfehlzeiten wie Karzinome, Herzattacken oder Rückenschmerzen.

Die Verteilung von Gesundheit und Resilienz ist weniger untersucht als die von psychischen Störungen. Weitere Angaben zur Häufigkeit der wichtigsten, in diesem Buch in einzelnen Kapiteln behandelten psychischen Störungen finden sich dort. Wichtig ist aber auch, nicht nur die Häufigkeit einzelnen Störungen, sondern auch von Komorbiditäten zu beachten. Hier liegen höhere Zahlen zwischen gut 40 % (Substanzbezogene Störungen) und über 60 % (Affektive Störungen), d. h. so viele Patienten mit einer solchen Diagnose haben gleichzeitig eine oder mehr andere Diagnosen.

Verläufe über die Zeit sind oft sehr interessant und geben Anlass zu Spekulationen über Kausalität. Ein Beispiel: Männer erkranken in jüngeren Jahren häufiger an Schizophrenie, Frauen holen später auf. Ein Hinweis auf eine protektive Wirkung von Östrogen, die mit den Wechseljahren nachlässt? Ein weiteres Beispiel: In der Schweiz korreliert die behandelte Prävalenz für psychische Störungen beträchtlich mit Arbeitslosenzahlen. Ist das zu interpretieren als Flucht in die psychische Krankheit? Als Folge einer geringeren Bereitschaft der Gesellschaft, auch mit psychisch Beeinträchtigten zu leben, wenn man sie im Arbeitsprozess nicht braucht? Oder die stabilisierende Wirkung einer mit dem Beruf verbundenen Tagesstruktur?

3.2.3 Analytische Epidemiologie

Allgemeines
In der analytischen Epidemiologie werden Hypothesen und Zusammenhänge von psychischen Erkrankungen und deren möglichen Determinanten untersucht. Ein historisches Beispiel für die Nützlichkeit von Epidemiologie ist die Untersuchung des Zusammenhangs von Choleramortalität und Trinkwasserversorgung bzw. -verunreinigung: Der Arzt John Snow beobachtete 1870 in London eine systematische Verteilung von Todesfällen in Abhängigkeit von der Versorgung mit Wasser aus städtischen Brunnen. Ohne dass man den eigentlichen bakteriellen Verursacher schon erkannte – das geschah erst später durch Robert Koch – konnte die kausale Rolle des Trinkwassers erkannt und die weitere Verbreitung dadurch eingedämmt werden.

Welche Forschungsmethoden werden heute in der analytischen Epidemiologie verwendet? Wenn wie am Beispiel Cholera die Zusammenhänge relativ einfach und stark sind, kann eine einfache korrelative, keine Kausalität belegende Studie zur Identifikation von Zusammenhängen viel beitragen. Bei psychischen Störungen liegen aber fast immer komplexere Zusammenhänge vor, bei denen ein Faktor nur einen beschränkten Beitrag leistet, zudem finden sich meist Wechselwirkungen zwischen verschiedenen Faktoren. Bei der Suche nach kausalen Faktoren sind Experimente die Methode der Wahl in der Psychologie. Experimente mit *belastenden* Faktoren können aber aus ethischen Gründen nicht durchgeführt werden. Die Einführung *protektiver* Maßnahmen (z. B. Entgiftung von Stadtgas, Spannen von Netzen an Brücken, die für Suizide beliebt sind) ist dagegen möglich und Effekte können (mit Vorsicht) interpretiert werden. Interessant und wichtig sind „natürliche Experimente" wie Kriege, größere Katastrophen oder der Fall der Mauer zwischen DDR und BRD. Dabei wird allerdings meist eine Vielzahl unabhängiger Variablen verändert, sodass die kausale Interpretation doch schwierig bleibt. Eine gute, aber aufwendige und Geduld erfordernde Möglichkeit sind prospektive Langzeitstudien, bei denen für eine Risikogruppe oder auch eine Stichprobe aus der Normalbevölkerung (die dann groß sein muss, damit auch für relativ seltene Störungen Daten gesammelt werden können) viele Variablen in regelmäßigen Abständen aufgezeichnet werden. Wenn dann im Laufe des Lebens eines Untersuchten eine Störung manifest wird, kann in den Daten zurückverfolgt werden, welche Besonderheiten dem vorausgingen. Kausale Interpretationen müssen in jedem Fall aber mit Vorsicht erfolgen.

Ergebnisse

Das relative Risiko (Odds Ratio) ist oft ein Einstieg in analytische Betrachtungen. Ein Beispiel: Lieb et al. (2000) fanden für Soziale Phobie eine signifikante Odds Ratio von 4.7 in Relation zu Sozialer Phobie bei deren Eltern. Das heißt, das Risiko von Kindern sozialphobischer Eltern, auch eine Soziale Phobie zu entwickeln, ist 4.7-fach erhöht. Wie sehen die Zahlen aus, die hinter einem solchen Befund stecken (Tab. 3.1).

Tab. 3.1 Beispiel für Zahlen, die hinter einer Odds Ratio von 5.04 stehen. (Nach Lieb et al. 2000, mit freundlicher Hilfe von R. Lieb)

Kind Eltern	Soziale Phobie nein	Soziale Phobie ja
Angst-Depr. nein	254 (97.9 %)	5 (2.1 %)
Soziale Phobie ja	121 (90.4 %)	13 (9.6 %)

Analytisch-epidemiologische Forschung ist oft angeleitet durch Konzepte aus der Ätiologie: Ein Beispiel: Es wurde davon ausgegangen, dass die Wiedervereinigung in der Bevölkerung der (Ex-)DDR eine generalisierte Hilflosigkeit ausgelöst habe, und dass der sozioökonomische Status der Ost-Bevölkerung niedrig ist. Beides, so wurde angenommen, sollte die Wahrscheinlichkeit psychischer Erkrankungen erhöhen. Wie sehen die Zahlen aus? Die Bundes-Gesundheitssurvey (GHS-MHS, Wittchen et al. 2012) zeigt, dass die Prävalenzen in den alten Bundesländern höher sind als in den neuen. Entweder stimmen also die Annahmen zu den zwei genannten Faktoren nicht, oder andere Faktoren wirken stärker in eine Gegenrichtung.

3.3 Ätiologie

3.3.1 Einleitung

Die Ätiologie beschäftigt sich mit der Frage der ursächlichen Zusammenhänge, die psychische Störungen hervorbringen und aufrechterhalten. αἴτιος (aitios) bedeutet in Griechisch „schuldig". Eine ähnliche Bedeutung hat der Begriff Pathogenese (wie ein Leiden entsteht). Es gibt auch abgeleitete Begriffe, wie „Differentialätiologie", früher etwas irreführend auch als „Symptomwahl" beschrieben: Sie beschäftigt sich mit der Frage, warum die einen, die psychisch auffällig werden, eine Störung mit der einen und andere mit einer anderen Diagnose entwickeln. Weiter kann man auch noch unterscheiden zwischen allgemeiner Ätiologie (wie entstehen psychische Störungen generell) und spezieller Ätiologie (wie entsteht Angst, Depression, narzisstische Persönlichkeitsstörung, etc.). In letztere erhalten Leser und Leserinnen exemplarisch Einblick in den störungsbezogenen Kapiteln.

Der Wunsch, zu verstehen, kausale Erklärungen zu entwickeln, ist im menschlichen Denken tief verwurzelt. Zusammenhänge richtig erklären zu können ist ein Überlebensvorteil. Dabei gibt es bezüglich psychischer Störungen grundsätzlich unterschiedliche Vorstellungen, auch zur Bedeutung von Kausalität. Das Spektrum reicht von der Vorstellung, dass wirksame Intervention grundsätzlich eine gute ätiologische Basis haben muss, über ein pragmatisches „wer heilt hat recht", bei dem man sich wenig um die Richtigkeit der Ätiologie kümmert, bis hin zu einer weitgehenden ätiologischen Abstinenz wie sie manchmal bei radikal humanistisch orientierten Therapeuten gefunden wird, die befürchten, dass ätiologische Überlegungen sich der unmittelbaren, empathischen menschlichen Begegnung in den Weg stellen könnten. Auch die Störungsdiagnostik im Sinne von DSM und ICD (s. Kap. 2) geht davon aus, dass der Einfluss von ätiologischen Betrachtungen auf die Diagnostik negativ ist. Das gilt zumindest unter der gegenwärtig gegebenen Voraussetzung, dass man sich zu wenig auf eine einheitliche Ätiologie einigen kann und dass verschiedene Ätiologien (therapieschulspezifische, psychosoziale vs. biologische, usw.) noch für geraume Zeit miteinander konkurrieren und in der Folge auch die Reliabilität der Diagnosen beeinträchtigen werden. Deshalb wird das Prinzip aufrechterhalten, den Systemen reine Beschreibung zugrunde zu legen, mit nur einer Ausnahme, der posttraumatischen Belastungsstörung.

Wenn es um gezielte therapeutische und nicht zuletzt auch präventive Maßnahmen geht, kann aber mit besserer Wirksamkeit und vor allem auch besseren Chancen zu einer gezielten Weiterentwicklung von Behandlungsmethoden gerechnet werden, wenn eine Störung gut verstanden wird. Dies dürfte gelten, obwohl nicht immer direkt auf die auslösenden Faktoren Einfluss genommen werden kann, z. B. wenn ein Elternteil verstorben ist, der erheblich zur Entwicklung eines Problems beigetragen hatte. Man kann sich aber natürlich streiten, ob es nicht aktuell ohnehin die verinnerlichten, nicht die wirklichen Eltern sind, die einen Einfluss ausüben. Es gibt auch andere Faktoren, die (wie die genetischen Grundlagen) nicht direkt erreicht werden können und die zu kennen auch für das Individuum sogar problematisch sein kann (*self-fulfilling prophecies*, Ängste, Stigmatisierung).

Bei psychischen Störungen sind valide Modelle selten monokausal, es geht meist um komplexere Zusammenhänge. Das macht die Modellbildung und Forschung komplizierter. Wenn aber mehrere Faktoren zusammenspielen müssen, um eine Störung hervorzubringen bzw. aufrechtzuerhalten, vergrößert das tendenziell die Chancen einer Behandlung: Es reicht ja, wenn *ein* notwendiger Faktor verändert werden kann. Das mag auch mit erklären, warum nebeneinander verschiedene psychologische und biologische Behandlungsmethoden Wirkung zeigen können.

Selbst bei Störungen, die es ohne die Wirkung eines Hauptfaktors (s. unten) nicht gäbe (z. B. einer Chromosomenanomalie bei Trisomie 21, veraltet „Mongolismus"), spielen für den aktuellen Zustand einschl. Lebensqualität mehrere, auch psychosoziale Faktoren, eine entscheidende Rolle. Während Betroffene früher eher abgeschoben wurden und oft auch früh starben, leben sie heute durchschnittlich viel länger und werden auch häufiger gut integriert, auch in Arbeitsprozesse.

3.3.2 Verschiedene Modelle und Wirkungszusammenhänge

Verschiedene Modelle und ebenso verschiedene tatsächlich gefundene Zusammenhänge gibt es in der *Art,* in der eine unabhängige Variable eine abhängige beeinflusst (Abb. 3.3):.

Auch für *Multikausalität* gibt es verschiedene Modelle:

- Haupteffektmodell: Es haben zwar verschiedene Faktoren einen Einfluss, aber einer dominiert
- Interaktionsmodell (mehrere Faktoren können in unterschiedlicher Weise interagieren; folgende Modelle überlappen sich!)
  - kausale Kettenbeziehung (z. B.: Agoraphobische Ängste führen zu Rückzug, dieser führt zu Depression)
  - kausale Summationsbeziehung (es muss Mehreres zusammenkommen, z. B. mehrere belastende Ereignisse –„Live Events"-Ansatz)
  - substitutive Kausalbeziehung (von verschiedenen Belastungen kann das eine oder das andere vorliegen, z. B. verschiedene Arten v. Traumata)
  - Transaktionsmodell (echte Interaktion; z. B. Unfall führt zu Verlust an Attraktivität, keine Partnerschaft, Depression, die an sich weniger attraktiv macht und Versuche lähmt, mit Operationen das Aussehen in vernünftigem Rahmen zu verbessern)
- Bidirektionalität (zwei Faktoren beeinflussen sich wechselseitig, z. B. Angst ← Depression, Depression→ Angst, bei derselben Person)

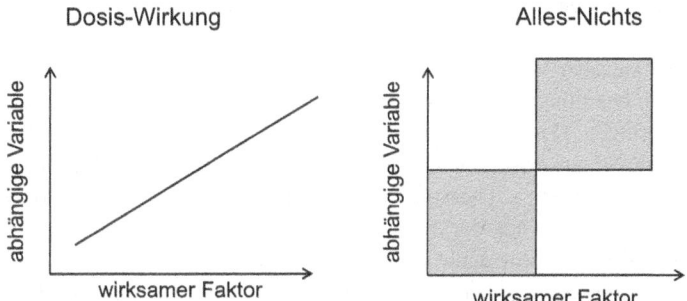

Abb. 3.3 Art der Verkoppelung von wirksamen Faktoren (unabhängigen Variablen) und zu abhängigen Variablen: *links* ist der Einfluss stetig, *rechts* gibt es für die abhängige Variable nur zwei Zustände: Wenn der wirksame Faktor eine Schwelle überschreitet, kippt sie vom ersten in den zweiten Zustand. Es gibt aber auch U-förmige und weitere Zusammenhänge

Ätiologische Faktoren (und ebenso protektive Faktoren) können in unterschiedlichen *Phasen* wirken:

1. Prä- und perinatale Phase
2. Sozialisations- und Entwicklungsphase („Akquisitionsbedingungen")
3. Vorfeld des Ausbruches
4. Verlauf nach Störungsausbruch („Performanzbedingungen")

Eine überholte Einteilung, die man aber wegen ihrer *historischen Bedeutung* doch kennen sollte, ist

- **somatogen** (z. B. Alkohol)
- **endogen** (Schizophrenie, bipolare Depression)
- **psychogen** (Neurosen – auch ein veralteter Begriff)
- (man könnte **soziogen** hinzufügen)

Heutzutage werden verbreitet „biopsychosoziale Modelle" gefordert – nüchtern betrachtet überwiegen aber nach wie vor Modelle, bei denen die einen oder anderen Aspekte im Vordergrund stehen.

In Bezug auf das Individuum müssen wir uns in der Psychopathologie in der Regel mit „wie es kommen konnte, dass"-Erklärungen zufrieden geben: Sie machen nachvollziehbar, dass ein bestimmtes Problem sich bei einem bestimmten Menschen entwickeln konnte, ohne dass es aber stringent kausal herleitbar wäre.

Zurück zum „wer heilt hat recht": Kann aus der Wirksamkeit einer Maßnahme die Richtigkeit eines zugrunde gelegten ätiologischen Konzepts abgeleitet werden? Aus verschiedenen Gründen nicht:

- bei multikausaler Verursachung kann es, wie bereits dargestellt, reichen, *einen* Faktor zu beeinflussen, um eine Störung abzuschwächen oder zum Verschwinden zu bringen: Dann abzuleiten dass das DER kausale Faktor ist, wäre falsch.
- Rückschlüsse aus erfolgreicher Behandlung sind grundsätzlich problematisch. Bsp.: Blutentnahme -„Therapie" zur Behandlung (ruhiger machen) „Geisteskranker" basierend auf der Annahme, „Übermäßiger Blutandrang im Hirn" hätte die Störung verursacht (s. Kap. 1, Geschichte).
- Lithium-Prophylaxe von Depressionen wirkt, ohne dass man genau versteht, warum: Depression entsteht ebenso wenig durch Lithiummangel, wie Kopfschmerzen durch Aspirinmangel zustande kommen.
- Antidepressiva wirken bei Panikstörungen relativ gut; daraus abzuleiten, dass Panik ätiologisch der Depression verwandt ist, ist aber wohl falsch.

- Die Wirksamkeit von Placebobehandlungen kann nicht mit dem erklärt werden, was Patienten als Begründung dargelegt wird, warum diese Intervention wirken soll.

Oft sind ätiologische Vorstellungen in therapieschulspezifischen oder anderen Modellen mit a priori Festlegungen verbunden – so in jüngerer Zeit und v. a. in den USA ganz stark in neurobiologischen Modellen. Das führt dazu, dass Forschung bewusst oder nicht bewusst so angelegt wird, dass diese Modelle auch eher bestätigt und konkurrierende Modell nicht mit gleichen Chancen untersucht werden.

Die Bedeutung von Theorien wird aber kontrovers diskutiert: Es gibt ja nicht nur die Gefahr einer vorzeitigen Festlegung und eines dadurch eingeschränkten Blickwinkels. Es gibt auch das Problem eines nicht konzeptgeleiteten Produzierens von Zufallsbefunden und eines Nicht-Findens von Relevantem, weil geeignete Konzepte Voraussetzung für das Entwickeln geeigneter Forschungsmethoden und Projekte gewesen wären. Die Geschichte der Psychopathologie ist voll von einschränkenden Vorannahmen, es gibt aber auch Beispiele von Flexibilität. Eines ist der Pessimismus, den Bowlby, der Vater der Bindungstheorie in Bezug auf die Möglichkeiten hatte, dass Menschen frühe negative Bindungserfahrung später noch kompensieren. Bereits seine Schülerin und Mitarbeiterin Mary Ainsworth war hier wesentlich optimistischer, eine Haltung, die sich dann eher durchgesetzt hat, obwohl dadurch Bindungserfahrungen als ätiologischer Faktor relativiert wurden.

Die ätiologischen Modelle der einzelnen Therapieschulen (Psychoanalyse, Verhaltenstherapie, Humanistischer Ansatz, Systemischer Ansatz) werden im Zusammenhang mit dem daraus resultierenden Therapieansatz im Band „Psychotherapie" in dieser Reihe und nicht hier dargestellt. Festzuhalten bleibt aber, dass sie auch außerhalb von Psychotherapie nach wie vor einen erheblichen Einfluss haben, von Sozialarbeit über Lebensberatung bis zu Elterntrainings und durch die Forensik sogar in die Rechtsprechung hinein.

3.4 Verständnisfragen

Fragen
1. Welches sind Aufgaben der Epidemiologie?
2. Welches sind die wichtigsten Grundbegriffe der Epidemiologie?
3. Welches sind die Aufgaben der Ätiologie?
4. Welche Modelle für Multikausalität gibt es?

Literatur

Lieb, R., Wittchen, H.-U., Höfler, M., et al. (2000). Parental psychopathology, parenting styles, and the risk for social phobia in offspring. *Archives of general psychiatry 57*(9), 859–866. doi:10.1001/archpsyc.57.9.859.

Pflanz, M. (1973). Allgemeine Epidemiologie. Aufgaben, Technik, Methoden. Stuttgart: Thieme.

Wittchen, H.-U., & Jacobi, F. (2001). Die Versorgungssituation psychischer Störungen in Deutschland. Eine klinisch epidemiologische Abschätzung anhand des Bundes-Gesundheitssurveys 1998. *Bundesgesundheitsblatt, Gesundheitsforschung, Gesundheitsschutz, 44,* 993–1000.

Wittchen, H.-U., Jacobi, F., Rehm, J., Gustavsson, A., Svensson, M., Jönsson, B., Olesen, J., Allgulander, C., Alonso, J., Faravelli, C., Fratiglioni, L., Jennum, P., Lieb, R., Maercker, A., Os, J. van, Preisig, M., Salvador-Carulla, L., Simon, R., & Steinhausen, H. C. (2011). The size and burden of mental disorders and other disorders of the brain in Europe 2010. *Eur Neuropsychopharmacol. 21*(9), 655–679. doi:10.1016/j.euroneuro.2011.07.018.

Wittchen, H.-U., Jacobi, F., Mack, S., Gerschler, A., Scholl, L., Gaebel, W., Zielasek, W., Maier, W., Wagner, M., Hapke, U., Siegert, J., & Höfler, M. (2012). Was sind die häufigsten psychischen Störungen in Deutschland? Erste Ergebnisse der „Zusatzuntersuchung psychische Gesundheit" (DEGS-MHS). *Bundesgesundheitsblatt,* 9–10.

Psychologische Therapie

4.1 Einleitung

Psychotherapie ist die gezielte professionelle Behandlung psychischer und/oder psychisch bedingter körperlicher Störungen mit psychologischen Mitteln. Immer gehören zur Psychotherapie spezifische Techniken, namentlich Verhaltensübungen, emotionsaktivierende Übungen, Entspannungsübungen, aber auch der Einsatz kreativer Medien, können dazu kommen (s. Kap. 1).

In ein Lehrbuch für Klinische Psychologie gehört zwingend ein Kapitel über Psychotherapie. Da dies ein sehr knapp gehaltenes Lehrbuch ist, kann auch dieses Kapitel nur kurz sein. Kurz kann es sein, indem Vieles ganz oberflächlich dargestellt wird, oder indem es sich auf etwas konzentriert. Da in dieser Reihe ein weiteres, ganz der Psychotherapie gewidmetes Buch erscheint, wählen wir letzteren Weg und konzentrieren uns auf eine kurze Darstellung des „Berner" Ansatzes. Zu diesem Ansatz gehört ein inhaltliches Modell von Psychotherapie („Psychologische Therapie"; der Begriff hebt hervor, dass in der Psychotherapie ganz überwiegend mit psychologischen Erkenntnissen und Mitteln gearbeitet wird; Grawe 1998). Weiter gehört dazu ein Prozessmodell der ständigen Weiterentwicklung psychotherapeutischer Ansätze („Allgemeine Psychotherapie"; Grawe und Caspar 2011). Kennzeichnend für den Berner Ansatz ist, dass er sich an Konzepten und aktuellen Erkenntnissen der Grundlagenfächer orientiert und ständig aus diesen Konzepte und Erkenntnisse aufnimmt. Weiter beschäftigt er sich schwerpunktmäßig mit Themen wie Therapiebeziehung, Therapeuten und deren Ausbildung, individuelle Fallkonzeptionen, differenzieller Wirkung von Therapie, der Wirk*weise* und der Weiterentwicklung von Psychotherapie.

Auf all diese Punkte wird hier kurz eingegangen; für eine ausführlichere Darstellung muss auf weiterführende Literatur verwiesen werden (Caspar 2016a; Caspar und Znoj 2011; Grawe 1998, 2004).

4.2 Grundmodell psychischen Funktionierens

4.2.1 Konsistenztheorie

Grawe (1998) hat wichtige Aspekte des menschlichen Funktionierens in seiner Konsistenztheorie festgehalten. *Konsistenz* bedeutet Spannungsfreiheit bei der Befriedigung zentraler Bedürfnisse, die natürlich nie absolut sein kann. *Inkonsistenz* kann durch Diskordanz und durch Inkongruenz hervorgebracht bzw. gesteigert werden. *Diskordanz* bedeutet, dass wichtige Motive im Konflikt miteinander stehen, sodass typischerweise keines der konfligierenden Motive voll befriedigt wird. *Diskordanz* ist insbesondere dann hoch, wenn Menschen starke und zahlreiche Vermeidungsmotive haben, die dem Schutz lebensgeschichtlich erworbener wunder Punkte dienen, dabei aber die Möglichkeiten einer Befriedigung von positiven, Annäherungsmotiven einschränken.

Inkongruenz meint eine Abweichung des aktuellen Standes von der erwünschten Befriedigung wichtiger Bedürfnisse, oder man könnte sagen: Eine Abweichung von Ist- und Sollwert.

Wichtige Inkongruenzquellen sind:

- Stark ausgeprägte Vermeidung,
- Konflikte zwischen Motiven (=Diskordanz; es kann also auch Diskordanz Inkongruenz mit verursachen),
- problematische Kognitionen und Überzeugungen,
- ungünstige Mechanismen, die zur Sicherung von Konsistenz eingesetzt werden (z. B. Verdrängen von Problemen),
- ungünstiges Beziehungsverhalten generell,
- ungünstige konkrete zwischenmenschliche Beziehungen,
- andere ungünstige Lebensbedingungen,
- fehlende oder brachliegende Ressourcen (=positive Möglichkeiten, die ein Mensch bezüglich eigener Fähigkeiten, aber auch günstiger äußerer Bedingungen hat),
- zu schwach entwickelte Annäherungsmotive und -strategien,
- fehlendes Bewusstsein für das eigene Funktionieren, was die Möglichkeiten, es zu optimieren und anzupassen einschränkt,
- psychopathologische und weitere Symptome
- und schlechtes Wohlbefinden.

4.2 Grundmodell psychischen Funktionierens

Hohe Inkongruenz ist mit einem hohen Maß an psychopathologischen Symptomen assoziiert. Das heißt aber nicht, dass weniger Inkongruenz immer „gesünder" bedeutet. So können psychische Störungen, die von Natur aus mit einem hohen Inkongruenzniveau verbunden sind (sie gehen mit einer Einschränkung verschiedener Bedürfnisse einher; praktisch unabhängig vom konkreten Inhalt immer auch von Selbstwert und Kontrolle), gleichzeitig auch Inkongruenz *reduzieren,* allerdings verbunden mit hohen „Kosten": Wenn verschiedene Phänomene, die zu einer Störung gehören (wie Verhalten, Kognitionen, Emotionen, physiologische Zustände u. a. m.) gut zusammenpassen, bilden sie dadurch in sich relativ spannungsfreie Muster. Diese können dann zusätzliche Vorteile haben, für den Selbstwert (Selbstwertschutz: „ich hätte in der Prüfung viel besser abgeschnitten, hätte ich diese dumme Prüfungsangst nicht"), für Zuwendung durch Partner (z. B. sekundärer Krankheitsgewinn), für Entlastung von beruflicher Überforderung, usf. Auf Modelle, die sich mit solchen Vorteilen eigentlich negativer Zustände beschäftigen, wird unten (Abschn. 4.2.3) noch weiter eingegangen.

Ein mäßig erhöhtes Inkongruenzlevel ist auch der Antrieb für Anpassungen eines Menschen an neue Herausforderungen im Leben, die sein Funktionieren letztlich robuster und flexibler machen (z. B. wenn Menschen lernen, mit Frustrationen und negativen Emotionen umzugehen). Inkongruenz ist der Motor psychischer Entwicklung. Wichtig ist dabei, dass die Inkongruenz kontrollierbar bleibt. Konkret bedeutet das, dass ein Mensch zwar die Lösung noch nicht herbeigeführt hat und evtl. auch noch nicht kennt, sich jedoch die Bewältigung eines Problems zutraut. Das hängt nicht nur von der Schwierigkeit des Problems, sondern sehr stark auch von früheren Kontrollerfahrungen ab.

Oft kommen Patienten überwältigt von subjektiv oder objektiv unkontrollierbarer Inkongruenz in eine Psychotherapie. Die erhöhte Erregung kann nicht mehr heruntergeregelt werden und eskaliert. Es kann zu einer allgemeinen Destabilisierung kommen, in der auch Verhaltensmuster verloren gehen, die normalerweise zur Verfügung stehen. Oft treten emotionsorientierte an die Stelle von problemorientierten Bewältigungsstrategien, die letztlich meist adaptiver wären.

Die Therapiebeziehung (s. unten) und eine konsequente Ressourcenorientierung („Sie haben zwar ein ernst zu nehmendes Problem, aber auch viele Ressourcen, derer Sie sich bewusst sein sollten und die es zu nutzen gilt") sind wichtige Mittel, um Inkongruenz kontrollierbar zu machen. Inkongruenz ist also nicht nur ein therapiebedürftiges Problem, sondern auch ein Motivator für Weiterentwicklung, bei der Psychotherapie wenn nötig helfen kann und einer der Faktoren, die Veränderungsmotivation hervorbringen.

4.2.2 Selbstregulation

Verhalten wird oft durch das Feststellen einer Abweichung von Ist- und Sollzustand veranlasst und dient dazu, eine solche Abweichung zu reduzieren. Solange das in einer einigermaßen günstigen Umgebung gut funktioniert, wird Konsistenz maximiert und es gibt keine psychischen Probleme. Abb. 4.1 zeigt das Grundmodell der Selbstregulation nach Carver und Scheier (1998), ein Modell für eine solche Verhaltenssteuerung, an dem sich verschiedene Varianten durchdenken, aber auch empirische Befunde festmachen und therapeutische Maßnahmen ableiten lassen.

Nach diesem Modell geht die Wahrnehmung eines Menschen (z. B. „ich habe kaum engere Kontakte zu anderen Menschen") als „Ist"-Wert zu einem bestimmten Zeitpunkt in den sog. Komparator ein. Dieser prüft, ob dieser Input relevanten

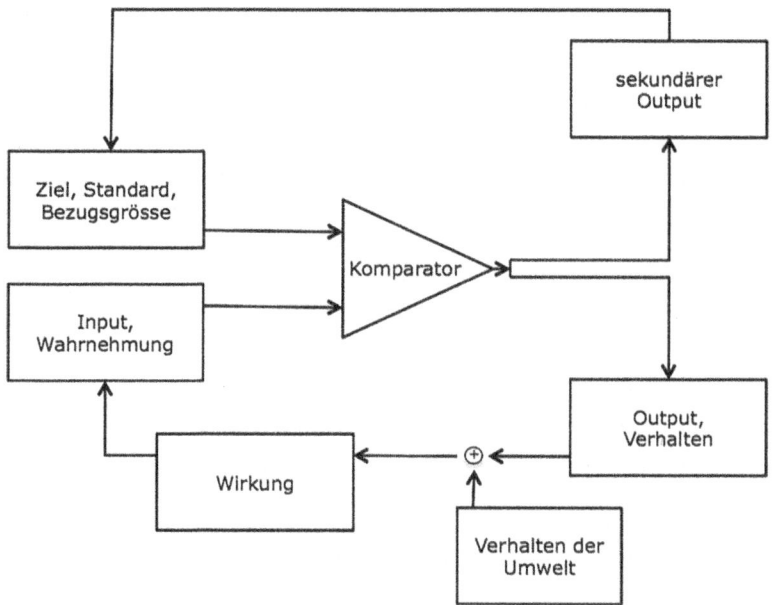

Abb. 4.1 Grundmodell der Selbstregulation nach Carver und Scheier (1998), erweitert um die „obere Schleife", in der auch Ziele, Normen, Werte angepasst werden können. Erläuterung im Text

Normen/Werten/Zielen (z. B. Bedürfnis nach Bindung) entspricht und veranlasst (in der unteren Schleife) einen Output, der bewirken soll, dass der Ist-Wert sich den Soll-Werten annähert (z. B. Pat. spricht Kollegen am Arbeitsplatz etwas persönlicher an). Das ist aber insofern nicht so einfach, als eine solche Wirkung von der Umwelt, wenn es um interpersonale Anliegen geht, also von dafür relevanten Mitmenschen, nicht immer unterstützt wird (z. B. Kollegin sagt, sie sei so in ihrer Familie mit einer kranken Mutter involviert, dass sie kaum Zeit für anderes hat). Die objektive Wirkung kann also ausbleiben, im günstigen Fall aber natürlich auch viel positiver ausfallen als erhofft. Die Wirkung muss dann auch wahrgenommen und subjektiv wieder zu einem neuen Input verarbeitet werden. Dabei kann es auch zu Verzerrungen kommen, z. B. durch eine sozialphobisch geprägte Hyperempfindlichkeit gegenüber kleinsten möglichen Anzeichen von Ablehnung. Der Input wird wiederum vom Komparator als Ist-Wert verarbeitet. Im günstigen Fall hat eine Annäherung stattgefunden und es wird, sofern das Ziel noch nicht ganz erreicht ist, weiterer ähnlicher Output erzeugt (also: Spricht weiter Kollegen etwas persönlicher an).

Insbesondere wenn Verhalten im Sinne der unteren Schleife (etwas für Realisieren der Ziele tun) über längere Zeit nichts nützt, kann die obere Schleife mit dem sekundären Output zum Zuge kommen; der Output besteht hier in einer Anpassung von Zielen, Normen, Werten (z. B. wenn es einem Menschen über längere Zeit nicht gelingt, engere Beziehungen aufzubauen, kann er dieses Bedürfnis in verschiedener Weise einzudämmen versuchen).

Selbstregulation – ein im Kern schon lange von mehreren Autoren genutztes Konzept (Miller et al. 1960) wird heute von verschiedenen Autoren unterschiedlich verstanden (Carver und Scheier 1998; Maranges und Baumeister 2011; Vohs und Baumeister 2004; Kanfer et al. 2012). Wir verwenden den Begriff als Oberbegriff, der sowohl absichtsvolle (engl. deliberate) als auch selbst organisierte (nicht bewusste, implizite) Selbstregulation umfasst („Dual Process"-Modelle; Carver und Scheier 2002; Caspar 2016b). Jedes Element in den Selbstregulations-Schleifen kann absichtsvoll oder selbst organisiert eingesetzt werden und wirken. Die gelungene oder eben weniger gelungene Abstimmung zwischen diesen zwei Arten der Regulation trägt nach unserer Auffassung erheblich zu Entstehung und Aufrechterhaltung psychischer Störungen bei. Im Idealfall können Prozesse zur Entlastung der Informationsverarbeitung an die Selbstorganisation delegiert werden. Dadurch wird es möglich, dass wir gleichzeitig mehrere Bedürfnisse verfolgen. Sich beim Autofahren angeregt zu unterhalten ist beispielsweise nur möglich, wenn kuppeln, schalten etc. keiner besonderen Aufmerksamkeit mehr bedürfen. Ein Flirt an einer Party wird kaum erfolgreich sein, wenn jedes Detail in Stimme, Haltung, Distanzregulation und nonverbalem Verhalten bewusst gesteuert eingesetzt werden muss.

Im Klinischen Kontext beschäftigen uns allerdings mehr die Fälle, bei denen Selbstorganisation maladaptiv ist. Das kann an jeder Stelle der Regulation einsetzen, z. B.

- beim Komparator ein unablässiges zwanghaftes Vergleichen von Ist- und Sollwerten
- beim Output ein Suchtverhalten, das „einfach passiert", ohne dass es den bewussten Zielen entsprechen würde
- bei der Wahrnehmung ein wahnhaft anmutendes, nicht abwehrbares Herstellen der kompletten Wahrnehmung einer bestimmtem Situation (Bedrohung, Ablehnung, Eifersucht, …) wenn in Wirklichkeit nur ein winziges und keineswegs schlüssiges Element aus dem ganzen Muster wahrnehmbar war
- in der oberen Schleife ein nicht bewusstes, ständiges Zurücknehmen eigener Bedürfnisse gesteuert vom Motiv, Harmonie zu erhalten und Konflikte zu vermeiden.

4.2.3 Selbstorganisation als Teil der Selbstregulation

Wie die Selbstorganisation genau funktioniert, ist auf engem Raum nicht ganz leicht zu erklären. Zentral ist die Annahme, dass im ganzen Informationsverarbeitungssystem eines Menschen parallel und ohne zentrale Steuerung Information verarbeitet wird. Das zugrunde liegende Prinzip ist, Gesamtspannung im System zu minimieren (Caspar et al. 1992).

Weil das Ganze „subsymbolisch" geschieht, also auf einer tieferen Ebene als unsere alltäglichen Begriffe, sind die Prozesse wenig anschaulich. Für die therapeutische Praxis reicht aber auch ein metaphorisches Verständnis aus. Tatsächlich vermitteln wir das „Spannungslandschaftsmodell" (Abb. 4.2) auch psychoedukativ an Patienten. Diese haben mit dessen intuitivem Verständnis und Einsatz i. Allg. keinerlei Mühe und betonen oft, dass sie sich in solchen Modellen gut wiederfinden. Insbesondere dass therapeutische Veränderung als Verlassen eines lokalen Minimums zwingend mit einer Spannungserhöhung verbunden ist, verstehen Patienten anhand eines solchen Modells gut und empfinden sie dann nicht mehr intuitiv als Zeichen, dass etwas falsch läuft.

Die Kurve steht für die Gesamtspannung in verschiedenen Zuständen, in denen ein Mensch sich befinden kann. Sie stellt die Summe der im System durch gleichzeitig aktivierte konfligierende Elemente (etwa im Sinne der Inkonsistenz)

4.2 Grundmodell psychischen Funktionierens

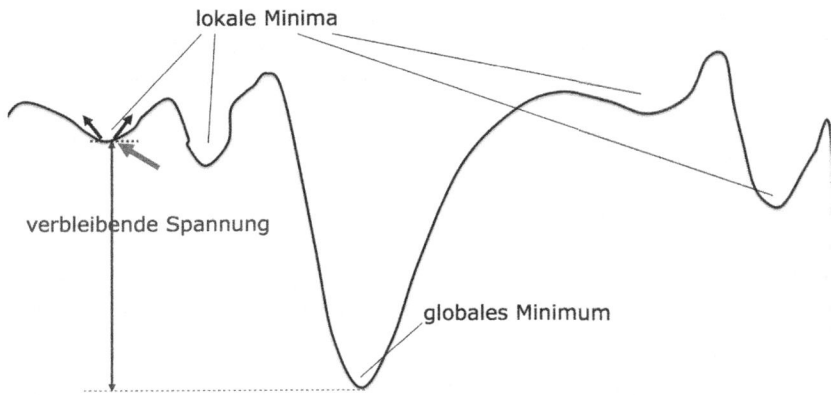

Abb. 4.2 Spannungslandschaft als Veranschaulichung psychischer Probleme aus konnektionistischer Sicht

entstehenden Spannungen dar. Gestrebt wird nach einem Minimum an Spannung, wie sie im idealen, kaum je erreichten *globalen* (aufs Ganze gesehenen) Minimum dargestellt ist. Daneben gibt es *lokale* Minima: Hier ist die Spannung nur lokal, d. h. im Vergleich zur unmittelbaren Umgebung, minimal, während eine u. U. erhebliche Restspannung besteht. Auch psychische Probleme können als lokale Minima gesehen werden. Die Restspannung (es handelt sich ja um keineswegs ideale Zustände) wird hier als Leidensdruck erlebt. Lokale Minima sind Muster, in denen Elemente wie Gedanken/Bewertungen, Emotionen, Verhalten, biologische Zustände, und Umwelt gut zusammenpassen ⇒ wenig Spannung, ⇒ wahrscheinlicher, dass man in den Zustand gerät und in ihm bleibt. Das Verlassen eines lokalen Minimums ist denn auch per definitionem mit einer Erhöhung der Spannung verbunden (nach Caspar et al. 1992).

Ein Therapeut, der einem Selbstregulationsmodell mit der Annahme folgt, dass im Sinne von Dual-Process-Modellen eine adaptive Abstimmung zwischen absichtsvoller und selbst organisierter Regelung hergestellt werden sollte, hat eine zentrale Aufgabe: Er muss am Einzelfall zu verstehen versuchen, wo ein Kippen in einen oder Verharren in einem selbst organisierten Zustand zu maladaptivem Verhalten und Erleben führt oder beiträgt, und wodurch das Kippen begünstigt wird (bestimmte Situationen – hier spielt sicher auch klassische Konditionierung eine wichtige Rolle-, Anwesenheit von Personen, Themen, Erschöpfung, Schlafmangel, psychotrope Substanzen, Mangel an Überzeugung, dass das eigene Verhalten und Erleben bewusst gesteuert werden kann). Harmloseres Abkippen in Selbstorganisation kennen die Meisten auch aus dem Alltag (z. B. sinnloses, ökologischen Überzeugungen widersprechendes Laufenlassen von Wasser beim Zähneputzen, das aber sofort unterbunden werden kann, wenn man sich dessen bewusst wird). Wenn Selbstorganisation aber maladaptiv und nicht so leicht unter Kontrolle zu bringen ist, wird mit dem Patienten ein Modell erarbeitet, das ihm erleichtert, Risiken zu erkennen und zu managen, und es werden Interventionen eingesetzt, die ihm dabei helfen.

Fallkonzeption
Fallkonzeptionen sind die Basis für das Konstruieren des therapeutischen Vorgehens im Einzelfall. Vieles spricht dafür, dass standardisierte, manualisierte Vorgehensweisen, wie sie in den letzten Jahren v. a. für das Behandeln bestimmter Störungen entwickelt wurden, zwar wichtige Interventionsmethoden zugänglich gemacht haben und auch eine gewisse Absicherung gerade für unerfahrene Therapeuten darstellen. V. a. bei komplexeren Problemen, in der Therapiebeziehung schwierigen Patienten etc. stoßen sie aber an Grenzen. Ganz abgesehen davon gibt es für viele Probleme auch gar keine manualisierten Vorgehensweisen. Schließlich sehen auch verschiedene Manuale individuelle Fallkonzeptionen vor, machen diese also nicht überflüssig. Ein Beispiel sind die Verhaltensanalysen für selbstschädigendes Verhalten bei der Behandlung von Borderline-Persönlichkeitsstörungen nach Linehan (s. Kap. 11).

Verhaltensanalysen/Problemanalysen der (kognitiven) Verhaltenstherapie sind wohl die explizitesten, am stärksten formalisierten Fallkonzeptionen. Ansätze gibt es aber auch in verschiedenen psychodynamischen Verfahren, und mittlerweile selbst in humanistischen Ansätzen. Deren Vertreter neigten früher zur Befürchtung, jede Analyse des Patienten sei unvermeidlich eine Bedrohung der spontanen Empathie. Fallkonzeptionsansätze haben naturgemäß ihre Stärken beim Herausarbeiten dessen, was nach dem jeweiligen theoretischen Ansatz besonders wichtig ist. Mit der ABC-Analyse nach Ellis kann man z. B. besonders effizient herleiten, wie emotionale und Verhaltensreaktionen mit kognitiven Bewertungen von Situationen zusammenhängen, mit der lerntheoretischen Verhaltensanalyse Abläufe und Verstärkungsverhältnisse in der Zeit präzise analysieren, usw.

Abgesehen davon überschneiden die Ansätze sich jedoch, sodass man auf verschiedenen Wegen auch zu einer teilweise ähnlichen Sicht von Zusammenhängen kommen kann. Wir propagieren, dass Therapeuten einen Fallkonzeptionsansatz sehr routiniert, weitere so gut beherrschen sollten, dass sie diese ergänzend nutzen können, wenn Besonderheiten eines Falles durch sie besonders gut erfasst werden.

4.2 Grundmodell psychischen Funktionierens

Als „Haupt-Ansatz" wird in Bern die Plananalyse als Fallkonzeptions-Methode verwendet. Sie wurde von Caspar in den frühen 80er Jahren aus ihrem Vorgänger, der Vertikalen Verhaltensanalyse entwickelt. Diese geht auf Grawe und Dziewas (1978) zurück, die damals einen Ansatz suchten, der besser als die klassische lerntheoretische Verhaltensanalyse geeignet war, Problemverhalten von Patienten in der Therapiesituation zu verstehen. Dazu war aus ihrer Sicht v. a. ein differenzierteres Verständnis des motivationalen Überbaues nötig, deshalb der Begriff „vertikal" (im Gegensatz zur Betonung der Abläufe auf der „horizontalen" Zeitachse bei der lerntheoretischen Verhaltensanalyse). Mit dem Übergang zur Plananalyse wurde der Ansatz dann zum umfassenden Fallkonzeptionsansatz mit dem Anspruch, die Psychischen Probleme des Patienten ebenso zu verstehen wie sein Beziehungsverhalten in der Therapie.

Bei der Plananalyse wird der instrumentelle Aspekt konsequent in den Vordergrund gestellt, also die Frage „wozu macht ein Patient ...?", „welchem intrapsychischen oder interpersonalen Motiv dient ...?", oder umgekehrt: „welche Mittel werden bewusst oder nicht bewusst eingesetzt, um ... zu erreichen?". Basiseinheit der Analyse ist ein Plan, der im Gegensatz zur umgangssprachlichen Bedeutung des Begriffs oft nicht bewusst ist. Dass Pläne nicht bewusst sein müssen bzw. in den klinisch bedeutsamsten Zusammenhängen oft nicht bewusst sind, hat Konsequenzen: Plananalysen können sich nicht einfach auf Auskünfte von Patienten stützen, sondern die genaue Beobachtung in der Therapiesituation sowie Interpretation von Berichtetem und bei Therapeuten und anderen ausgelösten emotionalen Reaktionen und Handlungstendenzen spielen eine bedeutende Rolle.

Ein Plan (formuliert als an sich selbst gerichteter Imperativ) enthält immer Zweck/Ziel/Motiv und Mittel, die diesem dienen. Pläne sind in einer hierarchischen Struktur so verschachtelt, dass das Motiv eines untergeordneten Planes (samt den ihm dienenden Verhalten/Unterplänen) Teil eines übergeordneten Planes sein kann, d. h. zu dessen Mittel wird (z. B. „vermeide offenen Konflikt" ist ein Zweck dessen, dass ein Patient in der Sitzung nur nonverbal zeigt, dass ihm das Thema „weniger Arbeit" nicht behagt, es ist (nach oben geschaut) gleichzeitig auch Mittel für den Plan „vermeide Spannung"). So entsteht eine Struktur, in der sich zuunterst (im Indikativ formulierte) konkrete Verhaltensweisen, zuoberst allgemein menschliche Bedürfnisse finden, denen alle untergeordneten instrumentelle Strategien letztlich dienen.

Dadurch, dass Mittel oft nicht nur *einem* Zweck, sondern mehreren dienen, entstehen bei der grafischen Darstellung einer Planstruktur Verzweigungen nach oben. Bei dieser sog. „Mehrfachbestimmtheit" dient WAS man tut oft *einem* Zweck, WIE man es tut ist durch weitere Motive bestimmt. Dadurch, dass für wichtige Motive meist mehrere Mittel eingesetzt werden, entstehen Verzweigungen nach unten (s. Abb. 4.3). Beides ist klinisch wichtig: Zu viel und zu wenig Mehrfachbestimmtheit kann maladaptiv sein. Beispiel für zu wenig Mehrfachbestimmtheit: Eine Patientin mit Borderline Persönlichkeitsstörung lässt sich, bestimmt vom Motiv, über Sex Nähe herzustellen, auf ungeschützten Sex ein. Besser wäre, wenn sie auch durch das Motiv, ihre Gesundheit zu erhalten mit bestimmt wäre und mehrfachbestimmt einen Kompromiss suchen würde, den es ja gibt: geschützten Sex. Beispiel für zu viel versuchte Mehrfachbestimmtheit: Ein perfektionistischer Patient macht sich handlungsunfähig, indem er sich nicht zugunsten eines Motivs entscheiden kann, bevor er eine Lösung hat, die ganz frei von negativen Nebenwirkungen für andere Motive ist, was praktisch nie der Fall ist. Bezüglich der Verfügbarkeit von Mitteln (Verzweigungen nach unten) ist normalerweise nur ein zu Wenig problematisch.

In eine Planstruktur werden nur Elemente geschrieben, die hypothetisch instrumentell sind. So werden z. B. wichtige kognitive Annahmen als Prämissen für Pläne („wenn ich Fehler mache, lehnen mich andere ab" => „sei perfekt") in schriftlichen plananalytischen *Fallkonzeptionen, nicht* jedoch in der *grafischen Struktur* festgehalten. Emotionen, deren Verständnis in einer Fallkonzeption

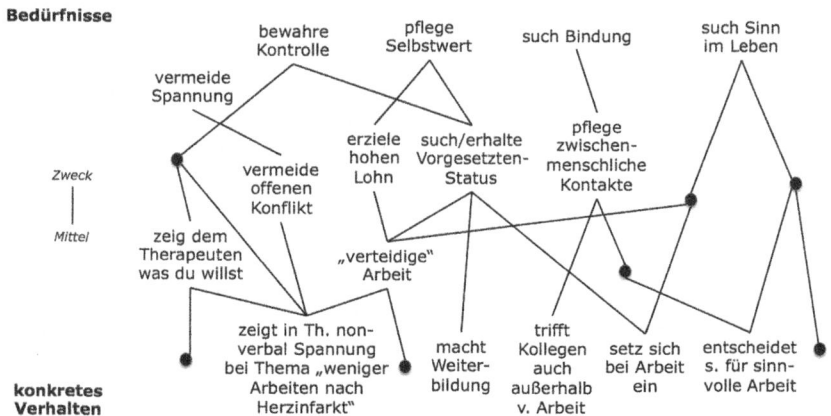

Abb. 4.3 Schematische Darstellung einer Planstruktur, vereinfachtes Beispiel. Die zweidimensional dargestellte Planstruktur ist nicht gleich plananalytische Fallkonzeption, die in Form eines verbalen Berichtes mehr umfasst, sondern nur eine Darstellung der wichtigsten instrumentellen Bezüge. Die Punkte in der Abb. deuten weitere Elemente an. Das Prinzip, dass jeweils das Mittel tiefer, der Zweck höher steht, zieht sich durch die ganze Struktur. Weitere Erläuterungen im Text

von zentraler Bedeutung ist, werden unter verschiedenen Aspekten zu Plänen in Beziehung gesetzt (aus der Bedrohung welcher Pläne geht ein negatives Gefühl hervor, aus der Begünstigung welcher Pläne ein positives? Welche Pläne bestimmen die Art der Emotion? Welche Pläne dienen der Bewältigung oder dem Vermeiden? Gibt es Pläne, für die die Emotion eine instrumentelle Funktion hat?). Emotionen erscheinen nur insofern in der Struktur, als diese Bezüge instrumentell sind (z. B. „zeige Angst" dient „bekomme Zuwendung"). Die genauere Analyse zumindest der wichtigsten Emotionen für einen Patienten ist ein sehr nützlicher und wichtiger Teil der Plananalyse.

Für das Hervorheben des Instrumentellen bei der Plananalyse gibt es eine Reihe von Gründen. Die wichtigsten:

- wenn etwas eine instrumentelle Funktion hat, wird es nicht einfach zufällig einmal auftauchen und dann wieder verschwunden sein, sondern eher überdauern und sich u. U. sogar wie ein roter Faden durch Verhalten und Erleben eines Patienten ziehen. Es lohnt sich aus dieser Sicht, Instrumentalität besonders zu beachten.
- wenn ich als Therapeut nicht verstanden habe, welcher bewusste oder nicht bewusste Zweck hinter einem auffälligen Verhalten (z. B. unoffene Feindseligkeit in der Therapie) steckt, habe ich es nicht wirklich verstanden.
- eine Prognose von Verhalten – in der Therapie aus verschiedenen Gründen relevant – ist ohne Verständnis der Motive, denen es dient, schwierig.
- wenn ein Problem eine instrumentelle Rolle im Funktionieren eines Patienten spielt, kann es nicht einfach „beseitigt" werden: Ein Ast, auf dem ein Mensch sitzt, kann nicht einfach abgesägt werden, bevor man eine Leiter hingestellt (d. h.: adaptivere Alternativen entwickelt) hat (Caspar 2017).

4.3 Problemverständnis

Warum ein Patient ein Problem mit einer bestimmten Diagnose hat, ist erklärungsbedürftig. Die Diagnose selber erklärt nichts, sie kann allenfalls eine Verbindung herstellen zu Faktoren, die öfters an der Entstehung einer Störung mit einer bestimmten Diagnose beteiligt sind. Beim plananalytischen/konsistenztheoretischen Konzept wird davon ausgegangen, dass psychische Probleme auf unterschiedliche Weise entstehen können (s. oben zu Inkongruenzquellen), auf jeden Fall aber einen Bezug zum instrumentellen Funktionieren haben. Eine wichtige (nicht ausschließende) Unterscheidung ist, ob das Problem selber eine instrumentelle Funktion hat (z. B. eine Depression kann intrapsychisch vor einer überfordernden Entscheidung schützen oder interpersonell zu Schonung führen) oder eine negative Nebenwirkung instrumenteller Strategien ist (Depression als Nebenwirkung eines Zurückstellens eigener Bedürfnisse zugunsten von Harmonie in einer Beziehung). Weiter wird auf Rigiditäten geachtet, welche nicht zulassen, dass das ganze Spektrum von Mitteln wirklich genutzt wird, die zugunsten der wichtigsten Bedürfnisse eigentlich eingesetzt werden könnten. Wenn nicht, dann sind die verbleibenden Mittel oft unwirksam oder nebenwirkungsreich, was für das Problemverständnis zentral sein kann. Hinter solchen Einschränkungen stehen Vermeidungspläne, die typischerweise zum Schutz lebensgeschichtlich entstandener wunder Punkte entwickelt wurden. Deshalb kann in vielen Fällen das Repertoire auch nicht einfach durch Verhaltenstrainings erweitert werden, es bedarf der Klärung, korrigierender Erfahrungen, und/oder Entwicklung von nicht-bedrohlichen Alternativen.

Allgemeines, störungsübergreifendes Ziel ist, das Funktionieren eines Patienten so weit von Einschränkungen zu befreien bzw. das Repertoire aufzubauen, dass für wichtige Motive mehrere Möglichkeiten zur Verfügung stehen, je nach Situation flexibel einsetzbar und nicht so leicht zu blockieren.

4.4 Therapiebeziehung

Die Therapiebeziehung ist der Aspekt der Therapie, der in der Psychotherapieforschung den konsistentesten Zusammenhang mit dem Therapieergebnis zeigt. Der Zusammenhang ist allerdings nur mittelgroß, wie ja auch der Zusammenhang zwischen dem technischen Vorgehen sowie dem Therapeuten als Person und den Ergebnissen. Eine gute Therapiebeziehung ist die Basis für alles andere, was in der Therapie geschieht, schafft also Voraussetzungen, sie kann aber auch direkt korrektive Erfahrungen vermitteln („mich gegenüber einem Menschen zu öffnen führt nicht zwingend dazu, dass ich missbraucht werde").

Dass die Zusammenhänge zwischen Beziehung, Technik, Therapeutenmerkmalen auf der einen, Ergebnissen auf der anderen Seite nicht größer sind, zeigt, dass nicht jeder Faktor für jede Therapie gleich bedeutsam ist. So gibt es Patienten, die fähig sind, selbst bei einem denkbar schlechten Beziehungsangebot eines Therapeuten noch etwas aus der Therapie herauszuholen, aber es gibt eben auch Patienten, bei denen ohne maßgeschneidertes Beziehungsangebot keine Therapie möglich ist. Dass jeder Faktor nur einen begrenzten Teil zum Therapieerfolg beiträgt, bedeutet auch, dass wir für eine gelungene Therapie im Einzelfall alle wirksamen Faktoren nutzen müssen. Dazu brauchen wir präskriptive Modelle, die uns sagen, wie wir es denn schaffen können, im Einzelfall ein passendes Beziehungsangebot zu machen.

Ein solches präskriptives Modell ist das der Motivorientierten Beziehungsgestaltung, früher „komplementäre Beziehung" genannt und seit einigen Jahren zur Unterscheidung von gleichnamigen Konzepten umbenannt (Caspar 2008). Diese beruht auf einem plananalytischen Verständnis der instrumentellen Struktur eines Patienten. Motivorientierte Beziehungsgestaltung bedeutet, sich zu den wichtigsten Motiven eines Patienten so in Beziehung zu setzen, dass er sich darin erkannt und unterstützt fühlt. Das ist bei positiven Annäherungsplänen relativ einfach; der Nutzen der Plananalyse ist, dass auch nicht oder weniger bewusste Motive berücksichtigt werden können.

Bei Problemverhalten des Patienten hat das Konzept einen noch spezifischeren Nutzen. Es wird davon ausgegangen, dass hinter noch so problematischem (im Sinne von: den Therapeuten einschränkendem) Verhalten letztlich akzeptable Motive stecken. Mit diesen könnte der Therapeut an sich gut leben, nur die dafür eingesetzten Mittel sind problematisch. Hier kommen nun zwei Prinzipien zum Zuge: Erstens wird bei Problemverhalten in der Struktur hinaufgegangen, bis man auf ein Motiv stößt, das im genannten Sinn akzeptabel ist. Weil ganz oben allgemein menschliche Bedürfnisse stehen, die per definitionem nicht problematisch sind, besteht eine Garantie, dass man irgendwann auf ein unproblematisches Motiv stößt. Es sollte aber nicht „zur Sicherheit" gleich auf die Ebene der Bedürfnisse gegangen werden, weil Motive auch je höher desto unspezifischer werden. Je spezifischer und individueller ein Motiv ist, desto leichter, wirksamer und damit realistischer ist seine Befriedigung, weil dann präzise vorgegangen werden kann und nicht nach dem Gießkannenprinzip. Damit ist auch schon das zweite Prinzip angesprochen: Das akzeptable Motiv, ist es einmal gefunden, möglichst gut zu sättigen. Man entzieht damit dem Problemverhalten seine motivationale Basis: Der Patient braucht es nicht mehr, weil er ja, wenn unsere Analyse stimmt, schon ohne Einsatz des Verhaltens bekommt, was er braucht.

Auf die Berücksichtigung der Therapiebeziehung beim „Konstruieren" therapeutischen Handelns wird in Kap. 13 eingegangen.

4.5 Die Weiterentwicklung von Psychotherapie

Grawe bezeichnete die traditionellen, eng mit Gründerpersönlichkeiten verbundenen Therapieansätze als „Ansätze der ersten Generation" (Grawe und Caspar 2011). Sie sind dadurch gekennzeichnet, dass sie von einem Kern von theoretischen und praktischen Konzepten ausgehen und dazu neigen, auszublenden, manchmal sogar sehr aktiv zu bekämpfen, was nicht dazu passt. „Ansätze der zweiten Generation" beziehen idealerweise alles ein, was für einen bestimmten Geltungsbereich (den sie enger, z. B. für eine bestimmte Störung, oder weiter,

z. B. für Psychotherapie allgemein, definieren können) an relevanten Konzepten und Erkenntnissen vorliegt. Es sollten also auch Informationen berücksichtigt werden, die den ursprünglichen Konzepten des Ansatzes widersprechen.

Dies entspricht dem Ansatz der „Allgemeinen Psychotherapie", die genau das für die Weiterentwicklung der Psychotherapie fordert. Allgemeine Psychotherapie ist kein neuer inhaltlicher Ansatz (der ja auch wieder Gefahr liefe, zementiert zu werden und Nichtpassendes auszublenden), sondern ein Prozessmodell. Danach wird das Ziel nie ganz erreicht, weil ja die einzubeziehenden Konzepte und Erkenntnisse sich auch fortlaufend weiterentwickeln. Die Allgemeine Psychotherapie ist insofern ein integrativer Ansatz, als gefordert wird, nützliche theoretische und praktische Elemente aus grundsätzlich allen vernünftigen Psychotherapie-Ansätzen zu integrieren. Dabei würden aber Schwächen, die allen Therapieansätzen gemeinsam sind, nicht überwunden. Das wichtigste Mittel dazu ist das Nutzen der Grundlagenwissenschaften wie Sozial- und Emotionspsychologie, Cognitive Science, Neurobiologie etc., die sich ja fortlaufend weiterentwickeln. Zu letzterer ist zu bemerken, dass neurobiologische Grundlagenforscher nie schnelle psychotherapierelevante Ergebnisse versprochen haben und die Entwicklung auch tatsächlich nicht so schnell verlief und wirklich so umfangreich Neues geliefert hat, wie Grawe das in seinem letzten Werk „Neuropsychotherapie", optimistisch erwartet hatte. Das Buch bleibt aber eine wichtige programmatische Schrift.

Wie wird es weiter gehen? International gesehen entwickeln sich immer mehr Therapeuten mit zunehmender Erfahrung in eine integrative Richtung. Meist geschieht das im Sinne einer „assimilativen Integration", d. h., sie erlernen erst einen Ansatz und erweitern diesen dann, v. a. dort, wo sie in der Praxis an seine Grenzen stoßen. Das wäre im Trend der Allgemeinen Psychotherapie, sofern sie nicht erst mal zu lange an einem engen Ansatz festhalten. Das Prinzip der Richtlinienverfahren in Deutschland wirkt allerdings zumindest einer *offen* verfolgten integrativen Haltung entgegen. Die Entwicklung von stark durch Gründerpersönlichkeiten geprägten Ansätzen der sog. „3. Welle" der Verhaltenstherapie, teils auch mit an Franchising-Systeme erinnernden Bindungen an eben diese Persönlichkeiten, lässt auch wieder einiges an Behinderung befürchten, auch wenn diese Ansätze teils in Anspruch nehmen, integrativ zu sein. Es bleibt spannend …

4.6 Verständnisfragen

Fragen
1. Welches sind zentrale Merkmale des „Berner Ansatzes"?
2. Was ist Inkonsistenz, was ist Inkongruenz, was ist Diskordanz?

3. Wie funktioniert Selbstregulation und wo treten dabei klinisch relevante Probleme auf?
4. Wie ist der Bezug zwischen einer konnektionistischen Spannungslandschaft und Psychotherapie?
5. Was sind zentrale Merkmale der plananalytischer Fallkonzeptionen?

Literatur

Carver, C. S., & Scheier, M. F. (1998). *On the Self-regulation of Behavior*. Cambridge: Cambridge University Press.
Carver, C. S., & Scheier, M. F. (2002). Control processes and self-organization as complementary principles underlying behavior. *Personality and Soccial Psychology Review*, 6(4), 304–315.
Caspar, F. (2008). Motivorientierte Beziehungsgestaltung – Konzept, Voraussetzungen bei den Patienten und Auswirkungen auf Prozess und Ergebnisse. In M. Hermer & B. Röhrle (Hrsg.), *Handbuch der therapeutischen Beziehung*. (Allgemeiner Teil, Bd. 1, S. 527–558). Tübingen: dgvt.
Caspar, F. (2016a). Selbstregulation. In S. Herpertz, F. Caspar, & K. Lieb (Hrsg.), *Psychotherapie, Funktions- und störungsorientiertes Vorgehen*. München: Elsevier.
Caspar, F. (2016b). Was ist Psychotherapie? In S. Herpertz, F. Caspar, & K. Lieb (Hrsg.), *Psychotherapie, Funktions- und störungsorientiertes Vorgehen*. München: Elsevier.
Caspar, F. (2017). *Beziehungen und Probleme verstehen. Eine Einführung in die psychotherapeutische Plananalyse*. Bern: Hogrefe.
Caspar, F., Rothenfluh, T., & Segal, Z. V. (1992). The appeal of connectionism for clinical psychology. *Clinical Psychology Review*, 12, 719–762.
Caspar, F., & Znoj, H. J. (2011). The Bern psychotherapy research group. In J. C. Norcross, G. R. Vandenbos, & D. K. Freedheim (Hrsg.), *History of psychotherapy. Continuity and change* (Bd. 2, S. 389–394). Washington: APA.
Grawe, K. (1998). *Psychologische Therapie*. Göttingen: Hogrefe.
Grawe, K. (2004). *Neuropsychotherapie*. Göttingen: Hogrefe.
Grawe, K., & Caspar, F. (2011). Allgemeine Psychotherapie. In W. Senf & M. Broda (Hrsg.), *Praxis der Psychotherapie* (5. Aufl., S. 33–47). Stuttgart: Thieme.
Grawe, K., Dziewas, H. (1978). *Interaktionelle Verhaltenstherapie*. (Sonderheft I/1978 der Mitteilungen der DGVT). Tübingen: dgvt, S. 27–49.
Kanfer, F. H., Reinecker, H., & Schmelzer, D. (2012). *Selbstmanagement-Therapie. Ein Lehrbuch für die Klinische Praxis*. Berlin: Springer.
Maranges, H. M., & Baumeister, R. F. (2011). Self-control and ego depletion. In K. D. Vohs & R. F. Baumeister (Hrsg.), *Handbook of self-regulation: Research, theory, and applications*. New York: Guilford.
Miller, G. A., Galanter, E., & Pribram, K. A. (1960). *Plans and the structure of behavior*. New York: Holt.
Vohs, K. D., & Baumeister, R. F. (2004). Understanding self-regulation: An introduction. In R. F. Baumeister & K. D. Vohs (Hrsg.), *Handbook of Self-regulation: Research, theory, and applications* (S. 1–9). New York: Guilford.

Depression und bipolare Störungen

5.1 Einleitung

Depressive Störungen zeichnen sich durch niedergeschlagene Stimmung, Interessen- und Freudverlust sowie Aktivitätsminderung aus. Am anderen Ende des Kontinuums der Affektivität findet sich die Manie, die mit einer euphorischen Stimmung oder Reizbarkeit und einem stark erhöhten Aktivitätsniveau einhergeht. Störungen mit einem Wechsel zwischen den Polen der Affektivität werden bipolare Störungen genannt. Affektive Störungen, insbesondere die Depression, kommen in der Allgemeinbevölkerung vergleichsweise häufig vor. Mehrere psychologische Modelle der Entstehung und Aufrechterhaltung von affektiven Störungen wurden empirisch untersucht und lassen die Ableitung von Interventionen zu, die die Grundlage für die psychologische Psychotherapie darstellen.

5.2 Charakteristika und Diagnostik

Die affektiven Störungen werden in der ICD-10 im Kapitel F3 behandelt und umfassen depressive Episoden mit gedrückter Stimmung, manische Episoden mit gehobener oder gereizter Stimmung und bipolare Störungen mit einem Wechsel oder einer Mischung dieser Stimmungen. Allen affektiven Störungen ist gemein, dass sie mit einer Veränderung der Stimmung und des Aktivitätsniveaus einhergehen.

5.2.1 Depression

Neben den Kardinalsymptomen Niedergeschlagenheit, Interessen- und Freudverlust und verminderter Antrieb umschließt das depressive Syndrom viele weitere Symptome in allen psychischen Funktionsbereichen, welche in Tab. 5.1 dargestellt sind.

Je nach Ausprägung des depressiven Syndroms – also der Anzahl und Intensität der Symptome – und je nach zeitlichem Verlaufsmuster werden verschiedene depressive Störungen unterschieden. Das Erleben leichter und zeitlich begrenzter depressiver Symptome hat keinen Störungswert. Wenn bei einer Person erstmals mindestens zwei Kardinalsymptome über einen Zeitraum von zwei Wochen oder länger auftreten, liegt eine depressive Episode vor (F32; im DSM-5: major depression). Depressive Episoden werden als leicht (F32.0), mittelgradig (F32.1) und schwer (F32.2) klassifiziert. Wenn bei einer schweren depressiven Episode auch psychotische Symptome wie z. B. Schuld- oder Verarmungswahn (siehe Kap. 7 Schizophrenie) auftreten, wird diese als schwere depressive Episode mit psychotischen Symptomen bezeichnet (F32.3). Sobald eine zweite depressive Episode diagnostiziert werden kann (und keine hypomanischen oder manischen Episoden vorliegen), sind die Kriterien für eine rezidivierende depressive Störung erfüllt (F33). Ein leichtes depressives Syndrom über mehr als zwei Jahre mit höchstens leichten depressiven Episoden und höchstens mehreren Wochen ohne depressive Symptome wird als Dysthymia (F34.1) diagnostiziert. In den ersten drei Spalten von Abb. 5.1 werden die Verläufe einiger der depressiven Störungen veranschaulicht. Differentialdiagnostisch ist ein Ausschluss von organischen Störungen (F0) und Störungen durch psychotrope Substanzen (F1) relevant.

Tab. 5.1 Das depressive Syndrom

Bereich	Symptome
Motivation	Energieverlust, Antriebs- und Interessenverlust, Müdigkeit, Erschöpfung
Emotion	Niedergeschlagenheit, Traurigkeit, Hoffnungslosigkeit, Gefühl von Wertlosigkeit, unangemessene Schuldgefühle
Kognition	Verminderte Konzentrations- und Entscheidungsfähigkeit, Suizidgedanken und -absichten
Verhalten	Sozialer Rückzug, Monotones Sprechen, Psychomotorische Unruhe oder -Verlangsamung
Körper	Gewichts- und Appetitveränderung, Schlaflosigkeit, Libidoverlust, Kopf- und andere Schmerzen

5.2 Charakteristika und Diagnostik

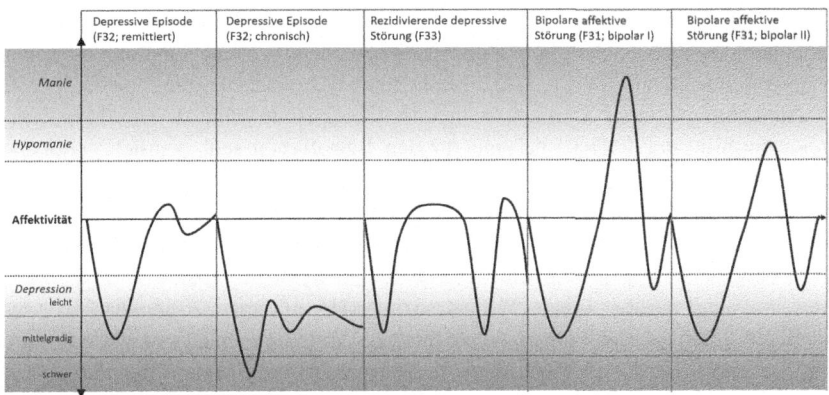

Abb. 5.1 Affektive Störungen und ihre Verläufe über die Zeit

Bei ca. 25 % der Betroffenen bleibt es bei einer einzelnen Episode, bei ca. 45 % kommt es zu einem rezidivierenden Verlauf, und bei ca. 30 % ist der Verlauf chronisch.

Im klinischen Sprachgebrauch haben sich einige Begriffe eingebürgert, die in der ICD-10 nicht genannt werden. Dysthymia und depressive Episoden, die länger als 2 Jahre andauern, werden gemeinsam als „chronische Depression" bezeichnet. Wenn sich zusätzlich zu einer Dysthymia noch eine depressive Episode entwickelt bzw. sich „aufgepfropft", wird von einer „double depression" gesprochen.

Bei depressiven Störungen (und auch bipolaren Störungen, siehe unten) können spezifische Symptome vorkommen, die dem somatischen Syndrom zugeordnet werden. Wenn mindestens die Hälfte der acht Symptome vorliegen, kann die Zusatzcodierung „mit somatischem Syndrom" (Fxx.x1) vorgenommen werden (z. B. mittelgradige depressive Episode mit somatischem Syndrom, F32.11). Zu den acht Symptomen gehören unter anderem mangelnde emotionale Reaktionsfähigkeit, Früherwachen, ein Morgentief und deutlicher Libidoverlust.

5.2.2 Manische Episode und bipolare affektive Störung

Manie beschreibt einen affektiven Zustand von freudig-euphorischer oder gereizter Stimmung, der unter anderem mit Symptomen wie Hyperaktivität/psychomotorischer Unruhe, vermindertem Schlafbedürfnis, Rededrang und Ideenflucht (=Denken wird ständig von spontanen Einfällen abgelenkt; formale Denkstörung) einhergehen kann (F30.1 Manie ohne psychotische Symptome). Ein leichter ausgeprägter

Zustand der Manie wird als Hypomanie bezeichnet (F30.0). Im Rahmen einer Manie können auch psychotische Symptome wie Größenideen, Verfolgungswahn oder religiöse Wahnideen vorkommen (F30.2 Manie mit psychotischen Symptomen).

Zur Diagnose einer *Manie* bzw. *manischen Episode ohne psychotische Symptome* mithilfe der ICD-10 ist eine für den Betroffenen sehr deutlich gehobene oder gereizte Stimmung über die Dauer mindestens einer Woche notwendig, die zu schweren psychosozialen Beeinträchtigungen führt (soziale Konflikte, Überschuldung, etc.). Innerhalb dieser Woche müssen mindestens 3 von 9 Merkmalen einer Kriterienliste gegeben sein, welche die sechs oben genannten (Hyperaktivität, etc.) und darüber hinaus Verlust sozialer Hemmungen, Ablenkbarkeit bzw. ständiger Wechsel von Plänen, leichtsinniges Verhalten und gesteigerte Libido bzw. sexuelle Taktlosigkeit beinhalten. Halluzinationen oder Wahn dürfen bei der Manie ohne psychotische Symptome nicht vorkommen. Zur Diagnose einer *manischen Episode mit psychotischen Symptomen* müssen zu den oben genannten Kriterien psychotische Symptome hinzukommen, die für Schizophrenie nicht typisch sind (Stimmenhören, aber nicht kommentierend; Wahn, aber nicht bizarrer Natur). Zudem ist der Ausschluss einer Schizophrenie (F20.0 bis F20.3; siehe Kap. 7) oder schizomanischen Störung (F25.0) notwendig. Zudem kann differenziert werden, ob die psychotischen Symptome synthym (=zur Stimmung passend; F30.20) oder parathym (=nicht zur Stimmung passend; F30.21) sind. Während Größenideen im Rahmen einer Manie als synthym gelten, sind Verfolgungs- und Beziehungswahn parathym.

Eine *Hypomanie* (F30.0) kann dann diagnostiziert werden, wenn die Stimmung des Betroffenen über 4 Tage hinweg deutlich gehoben oder gereizt ist und ebenfalls 3 der 9 oben genannten Merkmale zutreffen. Die Kriterien für eine Manie dürfen jedoch nicht erfüllt sein, insbesondere geht Hypomanie nicht mit schwerwiegenden psychosozialen Beeinträchtigungen einher. Wenn sich depressive und (hypo)manische Episoden abwechseln oder gemischt vorkommen, liegt eine *bipolare affektive Störung* (F31) vor.

Der Wechsel von depressiven mit manischen Episoden (siehe Abb. 5.1 Spalte 4) wird auch als Bipolare Störung Typ I bezeichnet, der Wechsel von depressiven und hypomanen Episoden Bipolare Störung Typ II (siehe Abb. 5.1 Spalte 5). Als **rapid cycling** wird ein Verlaufsmuster beschrieben, bei dem sich mindestens vier Episoden innerhalb eines Jahres abwechseln. Da in ca. der Hälfte der Fälle bei bipolaren Störungen zuerst eine depressive Episode auftritt, ist eine angemessene Diagnostik oft erst im längsschnittlichen Verlauf möglich. Bei vielen Betroffenen wird die bipolare Störung erst nach mehreren Jahren diagnostiziert.

5.3 Epidemiologie und Ätiologie

5.3.1 Depression

Die Lebenszeitprävalenz der Depression liegt in Deutschland bei 20 %, wobei Frauen doppelt so häufig wie Männer betroffen sind (Beesdo-Baum und Wittchen 2011). Das Risiko einer weiteren Episode, wenn bereits eine vorlag, liegt bei 50 %. Zu den sozioökonomischen Risikofaktoren für die Entwicklung einer depressiven Erkrankungen zählen unter anderem weibliches Geschlecht, Adoleszenz und junges Erwachsenalter, niedriges Einkommen, Arbeitslosigkeit, niedriger oder kein Bildungsabschluss, Trennung/Scheidung sowie das Fehlen von vertrauensvollen, persönlichen Bezugspersonen. Kritische Lebensereignisse (z. B. Tod von Angehörigen, Arbeitsplatzverlust, etc.) erhöhen das Erst- und Wiedererkrankungsrisiko, was zum Großteil über die Intensität der wahrgenommenen sozialen Unterstützung vermittelt wird.

Eine Reihe psychologischer Mechanismen der Entstehung und Aufrechterhaltung der Depression konnten empirisch abgesichert werden und liefern die Basis für daraus abgeleitete psychologische Interventionen. Im Folgenden werden das Verstärkerverlust-Modell und das kognitive Modell der Depression exemplarisch dargestellt (für einen Gesamtüberblick von Modellen sei auf die weiterführende Literatur verwiesen). Das **Verstärkerverlust**-Modell nach Lewinsohn besagt, dass Depression durch eine niedrige Rate an durch eigenes Verhalten ausgelösten (=verhaltenskontingenten) positiven Verstärken zustande kommt (z. B. wenig angenehme Aktivitäten oder befriedigende soziale Interaktionen, die durch eigenes Verhalten initiiert werden). Als ursächlich für die niedrige Verstärkerrate werden 1) potenziell wenig Verstärker (z. B. immer schon wenige Hobbys), 2) geringe Erreichbarkeit von Verstärkern (z. B. ungünstige Wohnsituation), und 3) ein eingeschränktes Verhaltensrepertoire (z. B. geringe soziale Kompetenzen oder Problemlösefähigkeiten) angenommen. Der Verstärkerverlust führt zu depressiven Symptomen wie sozialem Rückzug und Passivität. Diese Symptome wiederum können durch die Umwelt kurzfristig verstärkt werden (z. B. durch vermehrte Zuwendung oder Entlastung), womit langfristig jedoch z. B. das Verhaltensrepertoire noch weiter eingeschränkt werden kann.

Das **kognitive Modell der Depression** von Beck besagt, dass depressive Symptome durch eine dysfunktionale Bewertung von Ereignissen (=automatische Gedanken), und nicht durch die Ereignisse selbst, entstehen und aufrechterhalten werden. Beispielsweise könnte die Situation „Ich lese ein Lehrbuchkapitel" durch den automatischen Gedanken „Ich kann mir das nie alles merken" zu Hoffnungslosigkeit und Niedergeschlagenheit führen. Nach dem kognitionstheoretischen Modell der Depression zeichnen sich automatische Gedanken durch kognitive Verzerrungen aus („nie" → Übergeneralisierung, ‚Zukunft vorhersagen', „alles": Alles-oder-Nichts-Denken) und werden durch depressogene Grundannahmen (z. B. „Ich bin unfähig") und bedingte Annahmen („Wenn ich dieses Lehrbuchkapitel nicht auf Anhieb auswendig kenne, bin ich dumm") geformt.

Auf der biologischen Ebene wurden genetische Faktoren und neurobiologische Korrelate mit der Depression in Verbindung gebracht. Mehr als die Hälfte der Kinder von Menschen mit Depression entwickeln nach der Pubertät ebenfalls eine depressive Erkrankung (50 % bis 80 %) und monozygote Zwillinge von Menschen mit Depression erkranken in der Hälfte der Fälle ebenfalls, während dizygote Zwillinge in ca. 15 % bis 20 % der Fälle erkranken. In Übereinstimmung mit diesen Befunden wird der Anteil genetischer Faktoren an der Vulnerabilität (=Anfälligkeit) für Depression auf 30 % bis 40 % geschätzt. Neben Auffälligkeiten im Neurotransmitterhaushalt (Serotonin, Noradrenalin, Dopamin) werden Auffälligkeiten der Hypothalamus-Hypophysen-Nebennierenrinden-Achse und hirnstrukturelle Veränderungen im Rahmen der Pathogenese der Depression diskutiert (‚Unteraktivierung' des präfrontalen und des anterioren cingulären Cortex und ‚Überaktivierung' der Amygdala sowie Verminderung des Hippocampus-Volumens). Für eine ausführlichere Darstellung der Ätiologie und Pathogene sei auf die weiterführende Literatur in Form von Berger et al. (2011) verwiesen.

5.3.2 Bipolare Störung

Die Lebenszeitprävalenz der bipolaren Störung (Typ 1) beträgt ca. 1 %, unter Miteinbezug der verwandten Störungen (bipolare Störung Typ 2, Zyklothymie, etc.) liegt die Prävalenz bei. ca. 5 % (Merikangas et al. 2007). Innerhalb eines Jahres kommt es ohne medikamentöse Behandlung in der Hälfte der Fälle zu einer erneuten affektiven Episode. Komorbid mit bipolaren Störungen treten häufig Substanzmissbrauch, Angststörungen und Zwangsstörungen auf. Als ätiologische Faktoren für die Entstehung von bipolaren Störungen werden instabile biologische Rhythmen (z. B. Aktivitätsniveau und Schlaf-Wach-Rhythmus) aufgrund von genetischer Vulnerabilität oder anderen biologischer Faktoren diskutiert (Meyer 2008).

Ein biopsychosoziales Modell der bipolaren Störung stellt die Veränderung des Aktivitätsniveaus – und nicht die der Stimmung – in den Vordergrund (Meyer 2008) und besagt, dass kritische Lebensereignisse (Geburt, zwischenmenschliche Konflikte, Arbeitsplatzverlust, etc.) und andere Faktoren (komorbide Störungen, Absetzen von Medikation, Perfektionismus) eine Veränderung im Aktivitätsniveau und des Schlafs bedingen können. In dieser Situation reagieren Patienten laut Modell mit mehr Tätigkeiten und einer Zunahme von Euphorie und/oder Reizbarkeit. Dies führt zu Konsequenzen, die verstärkend wirken (z. B. Selbstwertsteigerung) oder die auslösende Situation weiter verschärfen (z. B. Kritik durch Bezugspersonen, die zu zwischenmenschlichen Konflikten führt). Darüber hinaus geht das Modell davon aus, dass bei höherem Schweregrad die biologischen Prozesse überhand gewinnen und weitgehend unabhängig von situativen Faktoren ablaufen.

5.4 Behandlung

5.4.1 Depression

Zur evidenz-basierten Behandlung von depressiven Störungen stehen psychotherapeutische und medikamentöse Verfahren zur Verfügung, wobei auch andere Verfahren wie die Elektrokrampftherapie für schwere depressive Episoden indiziert sein können. Viele psychotherapeutische Verfahren können aus den zugrunde liegenden Störungsmodellen abgeleitet werden (vgl. Abschn. 5.2.1).

Die kognitive Therapie der Depression zielt darauf ab, dysfunktionale Bewertungsprozesse zu verändern. Depressogene automatische Gedanken werden mit kognitiven Methoden disputiert, auf Denkverzerrungen überprüft und mit Verhaltensexperimenten infrage gestellt (=Testen von automatischen Gedanken als Hypothesen), und alternative Bewertungen werden erarbeitet und etabliert. Im Verlauf von kognitiven Therapie sollen auch die Grundüberzeugungen von Patienten verändert werden (z. B. „Ich bin nicht liebenswert"). Aus der Theorie des Verstärkerverlusts kann der Aktivitätenaufbau als Intervention abgleitet werden. Dabei wird nach Psychoedukation die Rate angenehmer Aktivitäten systematisch erhöht. Daneben gibt es noch andere psychotherapeutische Verfahren wie z. B. die Interpersonelle Psychotherapie (IPT) oder das Cognitive Behavioral Analysis System of Psychotherapy (CBASP) für chronische Depression und medikamentöse Therapien mit Antidepressiva, für die auf die weiterführende Literatur verwiesen wird.

5.4.2 Bipolare Störung

Die medikamentöse Behandlung mit Präparaten wie Lithium, Valproinsäure und Carbamazepin nimmt bei der bipolaren Störung einen hohen Stellenwert ein. Die Behandlung erfolgt dauerhaft, hat eine Wirksamkeit von circa 60 % und wird von Nebenwirkungen wie Mundtrockenheit, Gewichtszunahme, etc. begleitet. Das „Einstellen" einer individuell angemessenen Dosierung ist vor allem bei Lithium aufwendig und monatliche Kontrolluntersuchungen sind notwendig. Beim plötzlichen Absetzen von Lithium ist die Rückfallwahrscheinlichkeit enorm erhöht. Die psychologische Therapie konzentriert sich auf die Rückfallprophylaxe. Wichtige Elemente der Behandlung sind Psychoedukation (auch im Gruppensetting), Medikationsmanagement, die Verringerung von Belastungsquellen (z. B. durch Verbesserung von Stressmanagement, Schlafhygiene, Problemlösefertigkeiten, etc.) und die Sammlung von Frühwarnsignalen sowie das Erstellen eines Krisenplans. Der Einbezug von Angehörigen bei der Behandlung von bipolaren Störungen ist oft hilfreich.

5.5 Gestaltung der Therapiebeziehung

Prototyptische Planstrukturen von Patienten weisen darauf hin, dass viele Patienten mit bipolarer Störung ausprägte Pläne zur Kontrolle von Gefühlen haben (Kramer et al. 2009). Die Beachtung dieses oftmals zentralen Motivs bei der Gestaltung der Therapiebeziehung (z. B. „Es ist ok, wenn Sie sich vor starken unangenehmen Gefühlen schützen möchten, auch hier in unseren Gesprächen") kann bei der Beziehungsgestaltung hilfreich sein, indem problematische Mittel dadurch im besten Fall von Patienten seltener eingesetzt werden (z. B. schwierige Ereignisse nicht berichten).

5.6 Aspekte der aktuellen Forschung

Eine Differenzierung der Depressionsforschung ist zu beobachten. Subtypen der Depression werden gezielt erforscht, z. B. chronische Depression und entsprechende spezifische Behandlungsprogramme (CBASP), und das Verständnis der Depression im Kontext von körperlichen Erkrankungen wie Herzkreislauferkrankungen, Diabetes oder Krebs steht im Fokus. Darüber hinaus werden neue

Betrachtungsebenen miteinbezogen, wie z. B. die Interaktion mit dem Immunsystem (sog. Psychoneuroimmunologie). Durch das bessere Verständnis des Zusammenhangs von entzündlichen, neuronalen und psychologischen Prozessen bei Depression, auch im Zusammenhang mit kritischen Lebensereignissen, werden neue Wege der Diagnostik und Therapie erschlossen (Cattaneo et al. 2015).

5.7 Verständnisfragen

Fragen
1. In welchen Bereichen menschlichen Erlebens und Verhaltens schlägt sich das depressive Syndrom nieder?
2. Wie erklärt das Verstärker-Verlust-Modell von Lewinsohn die Entstehung einer depressiven Störung?
3. Was wird unter *rapid cycling* verstanden?
4. Worin unterscheiden sich die Bipolare Störung Typ I und Typ II?

Literatur

Beesdo-Baum, K., & Wittchen, H. U. (2011). Depressive Störungen: Major Depression und Dysthymie. In H. U. Wittchen & J. Hoyer (Hrsg.), *Klinische Psychologie & Psychotherapie*. Berlin: Springer.

Berger, M., Calker, C. van, Brakemeier, E. L., & Schramm, E. (2011). Affektive Störungen. In M. Berger (Hrsg.), *Psychische Erkrankungen – Klinik und Therapie* (S. 421–512). München: Urban & Fischer.

Cattaneo, A., Macchi, F., Plazzotta, G., Veronica, B., Bocchio-Chiavetto, L., Riva, M. A., & Pariante, C. M. (2015). Inflammation and neuronal plasticity: A link between childhood trauma and depression pathogenesis. *Frontiers in Cellular Neuroscience, 9,* 40.

Kramer, U., Berger, T., & Caspar, F. (2009). Psychotherapeutic case conceptualization using plan analysis for bipolar affective disorder. *Journal of Clinical Psychology, 65*(4), 352–367. doi:10.1002/jclp.20557.

Merikangas, K. R., Akiskal, H. S., Angst, J., Greenberg, P. E., Hirschfeld, R. M. A., Petukhova, M., & Kessler, R. C. (2007). Lifetime and 12-Month Prevalence of Bipolar Spectrum Disorder in the National Comorbidity Survey Replication. *Archives of General Psychiatry, 64*(5), 543. doi:10.1001/archpsyc.64.5.543.

Meyer, T. D. (2008). Bipolar affektive Störungen. In M. Linden & M. Hautzinger (Hrsg.), *Verhaltenstherapiemanual.* (S. 444–453).

Angststörungen 6

6.1 Einleitung

Die Angststörungen sind mit einer Lebenszeitprävalenz von etwa 30 % die häufigsten psychischen Störungen überhaupt (Kessler et al. 2005). In der ICD-10 werden die *Phobien* (Agoraphobie, soziale und spezifische Phobie), *andere Angststörungen* (Generalisierte Angststörung und Panikstörung), *Zwangsstörungen* und die *Belastungs- und Anpassungsstörungen* unterschieden, wobei bei allen die *Emotion* Angst im Zentrum der Diagnose steht. Angst ist evolutionär nützlich und primär als eine gesunde und essenzielle Emotion einzuordnen. Sie kann Hinweise auf potenzielle Bedrohung geben und eine Anpassung des eigenen Verhaltens ermöglichen (Lindner et al. 2011). Die Gruppe der *Angststörungen* zeichnet sich durch eine objektiv nicht begründete Angst aus und kann grob nach dem angstauslösenden Stimulus gegliedert werden. Die Phobien sind dadurch gekennzeichnet, dass die exzessive Angst der Betroffenen von objektiv un- oder wenig gefährlichen Situationen oder Objekten ausgelöst wird, wie zum Beispiel öffentlichen Plätzen (Agoraphobie), sozialen Situationen (soziale Phobie) oder Tieren (spezifische Phobie). Bei den *anderen Angststörungen* ist die Angst frei flottierend und sie zeichnen sich dadurch aus, dass ein ständiges Gefühl von Angst oder ein stetes „sich Sorgen" im Falle der generalisierten Angststörung besteht. Unerwartete, situationsunspezifische Angstattacken charakterisieren die Panikstörung. Zwangsgedanken und Zwangshandlungen sind das Kernmerkmal von Zwangsstörungen. Zwangsgedanken sind quälende (Inhalt oft obszön oder gewalttätig), wiederkehrende Vorstellungen, aufdringliche Gedanken oder Impulse (Intrusionen). Zwangshandlungen sind ständig wiederholte Handlungsweisen (auch gedankliche Zwangshandlung, z. B. zwanghaftes Beten). Diese sollen häufig die

Zwangsgedanken neutralisieren und werden von den Betroffenen aus Angst, dass ein Unglück passieren könnte, durchgeführt. Die Posttraumatischen Belastungsstörungen werden als Reaktion auf ein traumatisches Ereignis gesehen. Das Trauma wird in Träumen oder sich aufdrängenden Erinnerungen wiedererlebt (sog. Flashbacks) und von Symptomen wie Gefühlsabstumpfung, sozialem Rückzug und Hyperarousal (vegetative Übererregung) begleitet.

Die angstauslösenden Situationen oder Objekte werden von den Betroffenen häufig vermieden oder nur unter großer Angst ausgehalten. Oft wird bereits das Denken an die angstauslösende Situation von Erwartungsangst („Angst vor der Angst") begleitet. Die Angstsymptome bestehen in den meisten Fällen seit der Kindheit oder frühen Adoleszenz (Ausnahme Posttraumatische Belastungsstörung und Anpassungsstörungen). Der Verlauf ohne Behandlung ist in den meisten Fällen chronisch. Komorbid können körperliche Erkrankungen, affektive Störungen und Alkohol- oder Substanzabhängigkeit auftreten (z. B. Kessler et al. 2009).

6.2 Diagnostik

Dass bloße Vorhandensein von Angst rechtfertigt weder eine Störungsdiagnose, noch differenziert es zwischen den unterschiedlichen Angststörungen, noch hilft es bei der Abgrenzung zu anderen psychischen Störungen. Die Diagnose Angststörung sollte nur dann vergeben werden, wenn die Angst *primär* ist, was heißt, dass sie kein Begleitsymptom von anderen körperlichen oder psychischen Störungen darstellt. Zusätzlich basiert die Diagnostik auf der Beschreibung der Auslöser der Angst, der Psychopathologie, der Dauer der einzelnen Symptome und dem psychosozialen Leidensdruck. Eine psychologische und somatische Abklärung sollte stattfinden, bei der zu prüfen ist, ob die Angstsymptome (Lindner et al. 2011):

- eine physiologische Reaktion auf Stress sind,
- ein Leitsymptom einer Angststörung sind,
- eine psychologische Reaktion auf tatsächliche oder vorgestellte Bedrohung ohne Vorliegen einer Angststörung sind,
- Symptome einer anderen *psychischen* Störung sind (z. B. Angst vor der Gewichtszunahme bei den Essstörungen),
- Symptome einer *somatischen* Erkrankung oder
- durch eine Substanz wie zum Beispiel Kokain, Amphetamine oder auch Koffein ausgelöst sind.

6.2.1 Agoraphobie

In der ICD-10 sind die phobischen Störungen unter der Kategorie F40 aufgelistet. Es wird unterschieden, ob die Agoraphobie mit oder ohne eine Panikstörung auftritt. Charakteristisch für phobische Störungen ist, dass die Angst fast ausschließlich in eindeutig definierten Situationen oder bei spezifischen Objekten auftritt.

Agoraphobie umfasst Phobien, mit Befürchtungen das Haus zu verlassen, Geschäfte zu betreten, in Menschenmengen und auf öffentlichen Plätzen zu sein, oder alleine mit Bahn, Bus oder Flugzeug zu reisen. Diese Situationen lösen Angst aus, da angenommen wird, dass es besonders schwierig sei, sich in diesen Situationen an einen sicheren Ort zurückzuziehen oder Hilfe zu bekommen, wenn ein Notfall einträte oder körperliche Beschwerden aufträten. Die Betroffenen haben oft auch Angst vor einem Kontrollverlust in den entsprechenden Situationen. Um die Diagnose eindeutig vergeben zu können, müssen die folgenden Kriterien nach ICD-10 erfüllt sein:

F40.0	1. Die psychischen oder vegetativen Symptome müssen primär Manifestationen der Angst sein und dürfen nicht auf anderen Symptome wie Wahn- oder Zwangsgedanken beruhen
	2. Die Angst muss in mindestens zwei der folgenden umschriebenen Situationen auftreten: in Menschenmengen, auf öffentlichen Plätzen, bei Reisen mit weiteren Entfernung von Zuhause oder bei Reisen alleine
	3. Vermeidung der phobischen Situation muss ein entscheidendes Symptom sein oder gewesen sein

Das Vorhandensein oder Fehlen einer Panikstörung (s. unten) kann ebenfalls codiert werden (F40.00 ohne und F40.01 mit Panikstörung).

6.2.2 Soziale Phobie

Bei sozialen Phobien (F40.1) steht eine Angst vor prüfender Betrachtung durch andere in alltäglichen sozialen Situationen im Vordergrund. Die Angst kann in klar abgrenzbaren Situationen, wie zum Beispiel beim Halten eines Referats aber auch in allen anderen sozialen Situationen auftreten. Die Betroffenen haben große Angst, sich zu blamieren, sich bloßzustellen, zu versagen oder peinlich zu sein. In der Folge werden die sozialen Situationen oft vermieden, was im Extremfall zu einer gänzlichen sozialen Isolation führen kann. Die Angst kann sich in somatischen Symptomen wie Übelkeit, Herzrasen oder Zittern zeigen. Diagnostische Kriterien nach ICD-10 sind die folgenden:

F40.1	1. Die psychischen, Verhaltens- oder vegetativen Symptome müssen primäre Manifestationen der Angst sein und dürfen nicht auf anderen Symptomen wie Wahn oder Zwangsgedanken beruhen
	2. Die Angst muss auf bestimmte soziale Situationen beschränkt sein oder darin überwiegen
	3. Wann immer möglich Vermeidung der phobischen Situationen

6.2.3 Spezifische Phobie

Die letzte phobische Störung ist die spezifische, auch isolierte Phobie (F40.2) genannt, welche die häufigste Form der Angststörung darstellt. Diese bezeichnet eine irrationale Angst, die sich auf eng umschriebene Situationen oder Objekte bezieht, wie zum Beispiel die Nähe zu einem bestimmten Lebewesen, Höhe, Dunkelheit, geschlossene Räume, Fliegen, Zahnarztbesuche oder auf den Anblick von Blut oder Verletzungen, Angst vor engen und kleinen Räumen (Klaustrophobie) und Tieren. Die Anzahl spezifischer Phobien bzw. angstauslösender Situationen oder Objekte ist nahezu unbegrenzt. Generell können vier spezifische Untergruppen unterschieden werden (Lindner et al. 2011):

1. Natürliche Umgebung (Tiere, Insekten, Wasser, Gewitter oder Sturm),
2. Blut, Spritzen, Verletzungen,
3. Situativ (Auto, Flugzeuge, Höhe, Aufzüge, Tunnels, Brücken) und
4. Sonstige (z. B. phobisch Vermeidung von Situationen, die zum Ersticken, zum Erbrechen oder zu Krampfanfällen führen könnten).

Folgende Kriterien nach ICD-10 müssen erfüllt sein:

F40.2	1. Die psychischen oder vegetativen (nicht willentlich beeinflussbaren) Symptome müssen primäre Manifestationen der Angst sein und dürfen nicht auf anderen Symptomen wie Wahn oder Zwangsgedanken beruhen
	2. Die Angst muss auf die Anwesenheit eines bestimmten phobischen Objektes oder eine spezifische Situation begrenzt sein
	3. Die phobische Situation wird – wann immer möglich – vermieden

Im Unterschied zu der Agoraphobie und der sozialen Phobie zeigen Personen mit einer Blut-Spritzen-Phobie kaum zusätzliche psychische Symptome. Die Angst vor spezifischen somatischen Krankheiten, wie Krebs oder AIDS wird unter F45.2 der hypochondrischen Störung zugeordnet. Auch unterscheiden sich Personen mit einer Blut-Spritzen-Phobie von den anderen spezifischen Phobien durch eine Bradykardie (=langsamer Herzschlag). Dies bedeutet, dass Personen mit einer Blut-Spritzen Phobie ohnmächtig werden können (vagovasale Synkope), wenn sie der phobischen Situation ausgesetzt werden, was bei den anderen Angststörungen sehr selten der Fall ist, auch wenn es oft befürchtet wird. Ohnmacht kommt dadurch zustande, dass die Herzrate und der Blutdruck steigen und dann rasant abfallen (Öst et al. 1984). Sonstige phobische Störungen können unter der Rubrik F40.8 codiert werden. Wenn kein Vollbild einer phobischen Angststörung gezeigt wird, kann ein solcher Zustand unter der Kategorie F40.9 „nicht näher bezeichnete phobische Störungen" codiert werden.

6.2.4 Andere Angststörungen

Unter der Kategorie „Andere Angststörungen" F41 sind die Störungen dargestellt, bei welchen eine Manifestation der Angst das Leitsymptom darstellt und nicht eine bestimmte Umgebungssituation. Gemeint sind die Panikstörung (F41.0), die Generalisierte Angststörung (F41.1) und Angst und depressive Symptome gemischt (F41.2). Im Folgenden wird auf die einzelnen Störungsbilder eingegangen.

Panikstörung
Das Kernmerkmal einer Panikstörung ist eine Angstattacke, welche nicht auf eine spezifische Situation beschränkt ist und dadurch als unvorhersehbar erlebt wird. Die Angst vor den körperlichen Symptomen ist ebenso ein Merkmal der Panikstörung. Die Angstattacke entwickelt sich innerhalb weniger Minuten, kann sich für die Betroffenen subjektiv länger anfühlen und ist von körperlichen Symptomen wie Herzklopfen, Brustschmerz, Erstickungsgefühl, Schwindel und einem Entfremdungsgefühl begleitet. Die Panikattacke wird oft als extrem unangenehm und bedrohlich erlebt. Die Betroffenen haben Angst zu sterben, die Kontrolle zu verlieren oder „verrückt" zu werden. Oft tritt eine starke Angst auf, nach einem Angstanfall eine weitere Attacke zu erleben, was auch als Angst vor der Angst bezeichnet wird. Weil die Betroffenen extreme und für sie unverständliche körperliche Symptome erleben, wenden sie sich an ihren Hausarzt oder den Notdienst, wobei oft die Diagnose einer Panikstörung nicht gegeben wird (Lindner et al. 2011). Die Orte, an denen bereits eine Panikattacke erlebt wurde, werden

gemieden. Hier wird die Verbindung zur Agoraphobie relevant. In der ICD-10 wird die Agoraphobie mit oder ohne Panikstörung unterschieden. Im neuen DSM-5 werden die beiden Störungsbilder wieder getrennt betrachtet, da bis anhin keine fundierten Forschungsergebnisse die Verbindung stützten.

Die Diagnose wird gegeben, wenn sich mehrere schwere Angstattacken innerhalb eines Monats ereignen. Folgende Kriterien nach ICD-10 müssen für eine Panikstörung erfüllt sein:

F41.0	1. Panikattacken in Situationen, in denen keine objektive Gefahr besteht
	2. Wenn die Angstanfälle nicht auf bekannte oder vorhersagbare Situationen begrenzt sind
	3. Zwischen den Attacken müssen weitgehend angstfreie Zeiträume liegen (Erwartungsangst ist jedoch häufig)

Generalisierte Angststörung

Die generalisierte Angststörung (GAS; F41.1) tritt wie die Panikstörung (ohne Agoraphobie) nicht nur in spezifischen Situationen auf. Die Angst ist generalisiert, anhaltend und frei flottierend. Das Leitsymptom ist eine andauernde Angstsymptomatik im Sinne eines ständigen sich Sorgens (nach ICD-10 mehrere Wochen, nach DSM-IV mindestens 6 Monate), dass einem selber oder einer nahestehenden Person etwas Schlimmes, wie ein Unfall oder eine Erkrankung, zustoßen könnte. Das sich Sorgen wird von Symptomen wie Nervosität, Anspannung, Zittern, Muskelspannung, Schwitzen, Benommenheit, Herzklopfen oder Schwindelgefühlen begleitet. Die lange andauernde Übererregung kann zu Konzentrationsschwierigkeiten oder auch Schlafstörungen führen (Lindner et al. 2011).

Die Leitsymptome der generalisierten Angststörung nach ICD-10 sind eine primäre Angst, die über mehrere Wochen oder Monate hinweg an den meisten Tagen auftritt. Außerdem sollten zwingend folgende Einzelsymptome vorhanden sein:

F41.1	1. Befürchtungen (oder Sorgen über zukünftiges Unglück, Nervosität, Konzentrationsschwierigkeiten, usw.)
	2. Motorische Spannung (körperliche Unruhe, Spannungskopfschmerzen, Zittern, Unfähigkeit sich zu entspannen)
	3. Vegetative Übererregbarkeit (Benommenheit, Schwitzen, Tachykardie [Herzrasen] oder Tachypnoe [erhöhte Atemfrequenz], Oberbauchbeschwerden, Schwindelgefühl, Mundtrockenheit, etc.)

Angst und depressive Störung gemischt
Die Diagnose Angst und depressive Störung gemischt (F41.2) soll dann vergeben werden, wenn vorwiegend einzelne depressive und Angstsymptome bestehen. Gleichwohl sollte das Ausmaß der Symptomatik nicht das Vollbild erreichen, bei dem die Vergabe der entsprechenden einzelnen Diagnosen (Depression/Angststörung) gerechtfertigt wäre. Auch in dieser Sektion gibt es die Restkategorien *andere gemischte Angststörungen* (F41.3), *sonstige spezifische Angststörungen* (F41.8) und die *nicht näher bezeichnete Angststörungen* (F41.9).

6.2.5 Zwangsstörung

Zwangsstörungen werden in der ICD-10 unter F42 den Angststörungen zugerechnet. Das Hauptmerkmal der Zwangsstörungen sind wiederkehrende Zwangsgedanken und/oder Zwangshandlungen. Unter Zwangsgedanken sind individuelle Vorstellungen, zwanghafte Ideen, bildhafte Vorstellungen oder Zwangsimpulse zu verstehen, welche die Betroffenen beschäftigen oder sich ihnen aufdrängen. Die Gedanken werden oft als belastend erlebt, da sie oft einen gewalttätigen oder obszönen Inhalt aufweisen (z. B. „Ich könnte mein Kind erwürgen" oder „Ich könnte jemanden auf die Gleise stoßen"). Die Gedanken werden als ich-synton bezeichnet, was bedeutet, dass sie als zu eigener Person dazugehörend erlebt werden, auch wenn sie unwillkürlich sind. Im DSM-5 wird die Ich-Syntonie nicht mehr gefordert und das Ausmaß der Einsicht (Übermaß des Zwangs) wird eingeschätzt (Einsichtsfähigkeit: angemessen/eingeschränkt/fehlend).

Die Zwangshandlungen oder Zwangsrituale sind Handlungsabläufe (tatsächlich oder in der Vorstellung ausgeführte), welche immer wieder in einer bestimmten Art und Weise wiederholt werden. Diese werden als unangenehm erlebt und sollen vor Unheil schützen oder ein unangenehmes Ereignis abwehren. Ein Beispiel ist, dass jemand die CD-Hüllen auf einem Tisch symmetrisch zum Tischrand aufstellen muss, basierend auf der Vorstellung, dass sonst jemand ums Leben kommen könnte. Um dies nicht zu riskieren, werden die CDs immer wieder kontrolliert. Die Überzeugung, dass der Zwang vor Unheil schützt, führt dazu, dass nicht alle Betroffenen (hier vor allem auch Kinder) ihr Verhalten als abweichend sehen. Die Rituale werden eingesetzt, um die Angst, welche durch die Gedanken ausgelöst wurde, zu kontrollieren. Dies wirkt allerdings nur kurzfristig beruhigend, sodass das Zwangsverhalten wiederholt wird. Die häufigsten Zwangshandlungen beziehen sich auf Reinlichkeit – was sich in Form von häufigem Händewaschen zeigen kann –, übertriebener Ordnung oder Kontrollieren. Zwangshandlungen laufen meisten nach einem bestimmten Schema ab, oder sie müssen in einer bestimmten Anzahl wiederholt werden, bis es für die Betroffenen wenigstens für einen Moment befriedigend ist („just right"- Prinzip). Danach steigt jedoch der Drang rasch wieder an und das Ritual muss wiederholt werden. Die Zwangshandlungen sind häufig sehr zeitaufwendig und können auch verhindern, dass die Betroffenen einem Beruf nachgehen können. Zwangshandlungen können auch in Gedanken (gedankliche Rituale) durchgeführt werden (z. B. Beten, Zählen). Zwangsstörungen sind oft stark von Schamgefühlen begleitet, was ein Grund dafür ist, dass die Betroffenen sich erst relativ spät in eine Behandlung begeben und in Behandlung oft ambivalent sind.

Damit die Diagnose von Zwangsstörungen vergeben werden kann, sollten mindesten zwei Wochen lang an den meisten Tagen entweder Zwangsgedanken oder -handlungen oder auch beides auftreten. Sie müssen für die Betroffenen quälend sein oder die normalen Aktivitäten stören. Die Zwangssymptome müssen folgende Merkmale aufweisen:

F42	1. Sie müssen als eigene Gedanken oder Impulse für den Patienten erkennbar sein (im DSM-5 nicht gefordert)
	2. Wenigstens einem Gedanken oder einer Handlung muss noch, wenn auch erfolglos, Widerstand geleistet werden, selbst wenn sich der Patient gegen andere nicht länger wehrt
	3. Der Gedanken oder die Handlungsausführung dürfen nicht an sich angenehm sein (einfache Erleichterung von Spannung und Angst wird nicht als angenehm in diesem Sinne betrachtet)
	4. Die Gedanken, Vorstellungen oder Impulse müssen sich in unangenehmer Weise wiederholen

Zwangsgedanken und -handlungen gemischt (F42.2) treten am häufigsten auf. Wenn eine Zwangsstörung sich vorwiegend in Zwangsgedanken oder Grübelzwang zeigt, wird der Code F42.0 vergeben. F42.1 wird vergeben, wenn vorwiegend Zwangshandlungen (Zwangsrituale) vorliegen. Andere Zwänge können mit F42.8, *sonstige Zwangsstörungen,* oder F42.9, *nicht näher bezeichnete Zwangsstörung,* codiert werden.

6.2.6 Reaktion auf schwere Belastungen und Anpassungsstörungen

Die letzte Klasse der Angststörungen bilden die „Reaktionen auf schwere Belastungen und Anpassungsstörungen" (F43). Diese unterscheiden sich von den bisher vorgestellten Angststörungen in der Symptomatologie und im Verlauf (darum eigenes Kapitel im DSM-5). Die auftretenden Symptome werden als Reaktion

6.2 Diagnostik

auf eine belastende Lebenssituation, besondere Herausforderungen im Leben oder auf mehrere belastende Lebensereignisse gesehen. Im Folgenden werden die unterschiedlichen Belastungs- und Anpassungsstörungen vorgestellt.

Akute Belastungsreaktion

Eine akute Belastungsreaktion (F43.0) ist eine vorübergehende Störung, welche als Reaktion auf ein psychisch oder physisch belastendes Ereignis auftritt. Die Symptome können wenige Stunden bis Tage anhalten. Die Symptomatik zeigt ein gemischtes Bild, beginnend meist mit einer Form des Betäubtseins, Bewusstseins- und Aufmerksamkeitseinschränkung, einer Unfähigkeit, Reize zu verarbeiten und Desorientiertheit (ICD-10). Dies kann zu sozialem Rückzug führen oder auch zu einer Unruhe oder Überaktivität (wie Fluchtreaktion). Zusätzlich treten vegetative Symptome von panischer Angst wie Tachykardie (beschleunigter Puls/Herzrasen), Schwitzen und Erröten auf. Eine akute Belastungsreaktion kann beispielsweise auf einen schweren Unfall oder eine Naturkatastrophe folgen. Der Unterschied zur posttraumatischen Belastungsstörung ist, dass die akute Belastungsstörung zeitlich auf Stunden und Tage eingegrenzt wird und somit erwartet wird, dass die Symptome nach dieser Zeit abklingen. Die posttraumatische Belastungssituation tritt später auf.

Posttraumatische Belastungsstörung

Die Diagnose posttraumatische Belastungsstörung (F43.1) wird vergeben, wenn aufgrund des Erlebens oder Beobachtens einer traumatischen Situation (z. B. Überfall, Naturkatastrophe, Vergewaltigung, Mord oder Folter), welche für einen selber oder andere lebensbedrohenden Charakter hat und der/die Betroffene innerhalb der 6 Monate nach dem Ereignis mit folgenden Symptomen reagiert (ICD-10; Trauma und das Wiedererleben sind wesentlich für die Diagnose):

- Das Wiedererleben des Traumas in sich aufdrängenden Erinnerungen (Nachhallerinnerungen, Flashbacks), Träumen oder Albträumen,
- die vor dem Hintergrund eines andauernden Gefühls von Betäubtseins und emotionaler Stumpfheit (oder emotionalem Rückzug) auftreten
- Gleichgültigkeit gegenüber anderen Personen, Teilnahmslosigkeit der Umgebung gegenüber
- Freudlosigkeit
- Vermeidung von Aktivitäten und Situationen, die Erinnerungen an das Trauma wachrufen könnten
- Übererregung mit Vigilanzsteigerung (Übererregung mit gesteigerter Aufmerksamkeit)
- Übermäßige Schreckhaftigkeit
- Schlafstörungen

Angst, Depression, Substanzabhängigkeit und Suizidgedanken treten bei der posttraumatischen Belastungsstörung häufig gemeinsam auf (z. B. Kessler et al. 2009). Im Falle von chronifizierten Folgen von traumatischen Belastungen, welche noch Jahrzehnte nach dem belastenden Trauma bestehen, kann unter *andauernde Persönlichkeitsänderungen nach Extrembelastung* (F62.0) diagnostiziert werden.

Anpassungsstörung

Anpassungsstörung (F43.2) bezeichnet Zustände von subjektiver Not und emotionaler Beeinträchtigung, die das soziale und berufliche Funktionieren beeinträchtigen und nach einer entscheidenden Lebensveränderung oder nach belastenden Lebensereignissen auftreten kann (ICD-10). Solche belastenden Situationen können nach einem Trauerfall, nach einer Emigration oder bei wichtigen Entwicklungsschritten wie Elternschaft, Ruhestand oder in Krisen (wenn wichtige Ziele nicht erreicht wurden, bei Misserfolgen oder Trennung) auftreten. Die Symptome welche die Betroffenen zeigen, können sehr individuell sein und umfassen depressive Stimmung, Angst oder Sorgen oder beides gemischt. Daher können folgende Subformen der Anpassungsstörungen vergeben werden:

- F43.20 Kurze depressive Reaktion
- F43.21 Längere depressive Reaktion
- F43.22 Angst und depressive Reaktion gemischt
- F43.23 Mit vorwiegender Beeinträchtigung von anderen Gefühlen
- F43.24 Mit vorwiegender Störung des Sozialverhaltens
- F43.25 Mit gemischter Störung von Gefühlen und Sozialverhalten
- F43.28 Mit sonstigen spezifischen deutlichen Symptomen

Unter F43.8 und F43.9 können sonstige und nicht näher bezeichnete Reaktionen auf schwere Belastungen klassifiziert werden.

6.3 Epidemiologie und Ätiologie

Angststörungen sind sehr verbreitet, wobei die genauen Prävalenzzahlen zwischen den publizierten Studien stark variieren. Die Schwankungen kommen dadurch zustande, dass unterschiedliche Interviews oder Fragebögen verwendet wurden, kulturelle Schwankungen bestehen (v. a. bei der sozialen Phobie) oder dass die Betroffenen mehr als nur eine Angststörung aufwiesen. Angststörungen sind untereinander hoch komorbid. In Tab. 6.1 sind die Lebenszeitprävalenzen inklusive der Geschlechterverteilung für die einzelnen Störungsbilder dargestellt.

6.3 Epidemiologie und Ätiologie

Tab. 6.1 Lebenszeitprävalenzen für die Angststörungen und Geschlechterverteilung

	Störung	Lebenszeitprävalenz (%)	♀ : ♂
F40	Phobische Störungen		
F40.0	Agoraphobie	1–5	2:1
F40.1	Soziale Phobie	10	1.5:1
F40.2	Spezifische Phobie	7.5–15	2:1
F41	Andere Angststörungen		
F41.0	Panikstörung	2–5.9	2:1
F41.1	Generalisierte Angststörung	3.6–7.7	2:1
F42.0	Zwangsstörung	0.7–3	1:1
F43	Reaktionen auf schwere Belastungen und Anpassungsstörung		
F43.0	Akute Belastungsstörung		
F43.1	Posttraumatische Belastungsstörung	0.7–2.3/10[a]	2:1
F43.2	Anpassungsstörung	0.3–20[b]	2:1

Anmerkungen: nach Kessler et al. 2005; Kessler et al. 2009 ergänzt
[a]In Westeuropa; 10 % in Ländern, in welchen Gewalt lange andauerte in der Vergangenheit
[b]Punktprävalenz (Bengel und Hubert 2010)

Bei den meisten Angststörungen sind Frauen häufiger betroffen als Männer (Ausnahme: ausgeglichenes Verhältnis bei Zwangsstörungen).

Zur Erklärung der Entstehung von Angststörungen wurden mehrere Ätiologiekonzepte (z. B. psychodynamische, neurobiologische, kognitive und lerntheoretische) entwickelt. Psychodynamische Konzepte nehmen an, dass eine Angststörung einen verdrängten Konflikt abwehrt. Neurobiologische Untersuchungen und die Wirksamkeit zahlreicher Medikamente (z. B. Antidepressiva) legen eine Beteiligung von unterschiedlichen Neurotransmittersystemen (v. a. serotonerges System) nahe, wobei bis dato keine endgültigen Schlüsse gezogen werden können (Bandelow et al. 2014). Die Lerntheorien erklären die Entstehung pathologischer Angst mit der Konditionierung (klassische und operante) und dem Modelllernen. Im Sinne der *klassischen Konditionierung* wird angenommen, dass bei Personen mit einer Angststörung in der Vergangenheit eine Paarung von einem harmlosen Stimulus (z. B. Fahrstuhl/Lebewesen) mit einem aversiven Ereignis vorkam und in der Folge die Person bei der Konfrontation mit dem Stimulus mit Angst reagiert. Durch die Vermeidung von den gefürchteten

Situationen und Objekten (Wegfall/Nichteintreten der befürchteten Angst) erfolgt eine Verstärkung im Sinne der *operanten Konditionierung (negative Verstärkung)*. Dieses Modell wird auch als *Zwei-Prozess-Theorie* (nach Mowrer und Miller, vgl. Bouton et al. 2001) bezeichnet. Die Angst kann auch durch *Modelllernen* erworben werden, wobei das Angsterleben und die Vermeidung nachgeahmt werden, welche an einem Modell (z. B. Eltern) beobachtet wurden. Ebenso kann die Angst durch das stellvertretende Beobachten und durch das Schauen von Filmen, in welchen Rollenmodelle sich ängstlich verhalten bei der Darbietung von einem bestimmten Stimulus, erworben werden.

Bei den *kognitiven Modellen* sind die Beurteilungen und Interpretationen der Situation bei der Entstehung von Angst zentral (z. B. die Interpretation harmloser körperlicher Funktionen als bedrohliche Krankheiten bei der Panikstörung). Daneben wird mit dem Konstrukt der *angeborenen Lernbereitschaft* (engl. preparedness) erklärt (Seligman 1971), wieso Menschen Angst vor Spinnen entwickeln und nicht vor Waschmaschinen. Die Begründung liegt in der Evolutionsgeschichte, denn durch diese haben Menschen verinnerlicht, welche Reize am ehesten zu fürchten sind und welche nicht. Somit wird eine evolutionäre Prädisposition für bestimmte Objekte angenommen. Allerdings vermögen die bis anhin genannten Konzepte nicht die interindividuellen Unterschiede gänzlich zu erklären (Mineka und Zinbarg 2006). Ergänzt werden die Lerntheorien durch *biologische* und *psychosoziale Modelle,* um dem Anspruch, auch interindividuelle Unterschiede zu erklären, nachzukommen. Die individuelle Lebenserfahrung vor, nach und während der Konditionierung oder der Konfrontation mit dem Stimulus sind bedeutend in der Entwicklung der Störung. Wenn eine Person beispielsweise bereits vor der Konditionierung gute Erfahrungen bei Zahnarztbesuchen gemacht hatte (frühe Kontrollerfahrungen), die Zahnarztbesuche auch vermeidbar und kontrollierbar waren und nach dem Zahnarztbesuch keine gravierendes Trauma auftrat, wird die Person mit großer Wahrscheinlichkeit keine Phobie entwickeln. Auch die Persönlichkeit und das Temperament der Person können die Entwicklung der Angst mitbeeinflussen. Für die Angststörungen existiert nicht ein einzelnes Modell, welches alle Angststörungen zu erklären vermag. Die Entstehung der pathologischen Angst ist durch multiple Faktoren (z. B. Lerntheorie, Erziehungsstil, psychosoziale, sozioökonomische, biologische und genetische Faktoren) verursacht. Im Folgenden werden die spezifischen Ätiologiekonzepte der einzelnen Störungsgruppen grob vorgestellt.

Die *phobischen Störungen* (Agoraphobie, spezifischen und soziale Phobie) werden durch die Lerntheorie, die stellvertretende und direkte Konditionierung, den Einfluss von vorherigen Erfahrungen und durch kontextuelle Variablen (vor, während und nach der Konditionierung) erklärt. Negative Erfahrungen in sozialen

Situationen, überhöhte Ansprüche hinsichtlich des eigenen Auftretens, dysfunktionale Gedanken („ich bin unfähig"), negative Interpretationen sozialer Situationen oder das Verhalten von sozialen Rollenmodellen können die Entstehung der sozialen Phobie begünstigen (z. B. Mineka und Zinbarg 2006). Die soziale Phobie ist durch die vorherrschende Kultur beeinflusst.

Die Panikstörung mit und ohne Agoraphobie wird durch interozeptive (Wahrnehmung von körperlichen Prozessen) sowie exterozeptive (äußere Wahrnehmung) Konditionierung, durch kognitive Modelle, durch genetische Prädisposition und das Temperament erklärt (Bouton et al. 2001). Bouton und Kollegen (2001) argumentieren, dass die Konditionierung der Panikstörung nur bei bereits vulnerablen Individuen stattfinden kann und zwar durch interozeptive und exterozeptive Konditionierung. Dies bedeutet, dass bei der Panikattacke die Angst durch Konditionierung mit interozeptiven (Herzklopfen/Schwindelgefühl) und exterozeptiven (Fahrstuhl/Einkaufszentrum) Stimuli assoziiert wird (Bouton et al. 2001). Während der Panikattacke sind prototypische interozeptive konditionierte Stimuli (CS), aber auch die exterozeptiven konditionierten Stimuli (CS) präsentiert. Dieser Prozess der interozeptiven Konditionierung kann beispielsweise dazu führen, dass die Wahrnehmung von Herzrasen assoziiert wird mit der Panikattacke. Diese konditionierte Wahrnehmung kann zu einer Panikattacke führen, oder auch Angst ohne eigentliche Panikattacke auslösen. Nach der Lerntheorie entsteht die Agoraphobie dadurch, dass Betroffene vermehrt diejenigen Situationen meiden, an denen sie Panikattacken erlebt hatten (negative Verstärkung; Bandelow et al. 2014).

Die Entstehung der *generalisierten Angststörung* (GAS) wird mit der Annahme erklärt, dass die Vergangenheit von den Betroffenen durch unkontrollierbare Ereignisse oder Traumata geprägt ist, wenn auch nicht mit der Intensität wie bei der posttraumatischen Belastungsstörung (Borkovec et al. 2004). Basierend auf diesen Erfahrungen in der Vergangenheit leiden die Betroffenen darunter, die zukünftigen Ereignisse nicht kontrollieren zu können und innere und äußere Reize werden als gefährlich interpretiert. Das daraus resultierende Kernmerkmal der GAS, das Sorgen, wird als kognitive Vermeidungsreaktion gesehen. Die Metakognitionen (das Denken über das Denken, z. B. sich über das viele Sorgen zu sorgen) und das Unterdrücken der emotionalen und physiologischen Reaktion verstärken das Sorgen in einem Teufelskreis (Bandelow et al. 2014).

In der Ätiologie der *Zwangsstörung* werden die Konditionierung, soziale Lerntheorie, kognitive Modelle, die Rolle der Vermeidung und angeborene Lernbereitschaft als Ätiologiekonzepte diskutiert (Mineka und Zinbarg 2006). Zentral bei den Zwangsstörungen sind die Gedanken und die Interpretation von diesen. Die Gedanken haben ein evolutionär relevantes Thema zum Inhalt (z. B. Schmutz).

Sich aufdrängende Gedanken (auch: Intrusionen) sind normal und kommen in der Allgemeinbevölkerung oft vor. Basierend auf Konditionierungsprozessen und sozialer Lerntheorie werden die sich aufdrängenden Gedanken bei der Entwicklung von Zwangsstörungen aber als gefährlich eingestuft und dies führt zu negativen Emotionen bei den Betroffenen. Das Zwangsritual, welches die Gedanken neutralisieren soll, hat eine aufrechterhaltende sowie eine verstärkende Rolle, was auch im kognitiv-behavioralen Modell von Salkovskis aufgegriffen und erklärt wurde (Salkovskis 1984).

Die posttraumatischen Belastungsstörungen (PTBS) wird durch Faktoren, welche vor, während und nach dem Trauma bestehen, erklärt (für eine ausführlichere Darstellung vgl. z. B. Mineka und Zinbarg 2006). Ist das Trauma durch menschliches Handeln und wiederholt verursacht, ist die Wahrscheinlichkeit einer PTBS erhöht (Flatten et al. 2011). Das Trauma stellt für das Individuum eine extreme und unkontrollierbare Stresssituation dar, auf welche der Körper auf der biologischen und der Verhaltensebene reagiert. Zum einen werden Stresshormone ausgeschüttet und zum anderen entsteht ein Zustand von Taubheit bis hin zur Dissoziation während des Traumageschehens. Die Traumainhalte werden nur bruchstückhaft, unstrukturiert im impliziten Gedächtnis (nondeklarativ) gespeichert und nicht im willentlich abrufbaren Gedächtnis (deklarativ). Das Wiedererleben des Traumas in Form vom Flashbacks oder Albträumen ist nach Foa eine konditionierte emotionale Reaktion auf Trigger (Schlüsselreize), welche während des Traumas präsentiert waren (Foa et al. 1992).

6.4 Behandlung

Im April 2014 wurden die von einem Fachgremium erstellten Behandlungsleitlinien von Angststörungen veröffentlicht (z. B. http://www.awmf.org/leitlinien/detail/ll/028-022.html). Die Psychotherapie und die Pharmakotherapie werden zur Behandlung der Angststörungen empfohlen wobei am erfolgreichsten die Kombination dieser beiden ist (Bandelow et al. 2014). Die Behandlungsform der Angststörungen mit den meisten Wirksamkeitsbelegen ist die kognitive Verhaltenstherapie. Alternativ können auch psychodynamische Therapieverfahren oder emotionsfokussierte Therapie eingesetzt werden. Für die anderen Therapierichtungen ist die Evidenzlage noch nicht ausreichend und die Leitliniengruppe fordert daher zur entsprechenden Forschung auf. Bei der Wahl der Behandlungsform soll die Präferenz des informierten Patienten berücksichtigt werden. Zusätzlich sollen Betroffene und Familienmitglieder über Selbsthilfe- und Angehörigengruppen informiert und zur Teilnahme motiviert werden (Bandelow et al. 2014).

6.4 Behandlung

Die Methode der Wahl in der Behandlung sind die *Konfrontations-* oder auch *Expositionsverfahren.* In der Therapie werden Betroffene angehalten, sich mit der angstauslösenden Situation zu konfrontieren. Die Reizkonfrontation kann in vivo oder in sensu (in der Vorstellung), graduiert (Schritt für Schritt in der Intensität steigend) oder massiert (gleich mit den größten Ängsten) passieren. Zur *systematischen Desensibilisierung* (graduierte Konfrontation in sensu) gehören auch Entspannungsübungen, mit denen größerer Angst entgegen gewirkt und Entspannung als Form einer Bewältigungsstrategie gegenüber der Angst etabliert wird. Das Wirkprinzip der Therapie ist nicht die Angst zu löschen, sondern neues Verhalten zu lernen: problematische Gedanken und Gefühle zu ändern, die Erfahrung zu machen, dass die Angst vergänglich und bewältigbar ist. Im Folgenden wird kurz auf die Besonderheiten der Behandlung der einzelnen Angststörungen eingegangen.

In der Behandlung von Phobien (Agoraphobie, soziale Phobie und spezifische Phobie) ist die Methode der Wahl die Konfrontationstherapie, wobei eine Kombination mit nicht-expositionsbasierten Verfahren (z. B. Kognitive Therapie oder progressive Muskelentspannung) empfohlen wird (z. B. Wolitzky-Taylor et al. 2008).

Hinsichtlich der Behandlung der Panikstörung ohne Agoraphobie erwies sich die kognitive Verhaltenstherapie (KVT) mit angewandter Entspannung als die erfolgreichste Methode in Bezug auf die Reduktion der Hauptsymptomatik (Ruhmland und Margraf 2001). Für Panikstörung mit Agoraphobie erwies sich die Konfrontation in vivo als Methode der Wahl (Ruhmland und Margraf 2001). Die Behandlung der GAS erfordert ein integratives Vorgehen, welches sich an den Motiven und Bedürfnissen der Betroffenen orientiert. Dabei stehen die Sorgenexposition, die angewandte Entspannung und die kognitive Therapie im Fokus der Therapie.

In der Behandlung der Zwangsstörungen ist die KVT, welche Exposition mit Ritualverhinderung sowie kognitive Techniken umfasst, hoch wirksam (Effektstärken 1.0–1.5 vgl. Kathmann 2007). Bei Zwangsstörungen, welche komorbid eine schwere depressive Episode aufweisen, zeigt sich die Kombination aus Psychopharmaka und KVT als besonders wirksam, wobei die Verhaltenstherapie das Rückfallrisiko senkt (Kathmann 2007).

Die Therapie der posttraumatischen Belastungsstörung soll laut den offiziellen Behandlungsleitlinien (z. B. AWMF) eine traumaspezifische Psychotherapie beinhalten (Flatten et al. 2011). Wenn die Betroffenen stabil genug sind, soll eine Traumabearbeitung im Sinne der Exposition stattfinden und danach eine psychosoziale Reintegration. Die Traumakonfrontation soll eine Konfrontation mit den Traumainhalten mit Durcharbeitung und Integration in einem geschützten therapeutischem Rahmen ermöglichen. Die Konfrontationstherapie im Rahmen der posttraumatische Belastungsstörung ist ein evidenzbasiertes Verfahren (Flatten et al. 2011).

6.5 Gestaltung der Therapiebeziehung

Basierend auf der Tatsache, dass die Angststörungen häufig komorbid mit Substanzabhängigkeit oder depressiven Störungen auftreten, ist eine isolierte Angstbehandlung nach Manual in der klinischen Praxis erschwert bis unmöglich. Das Gelingen der Therapie ist maßgebend vom Ausmaß des Verständnisses der Patienten und Patientinnen in ihrem gesamten Funktionieren abhängig. Die Angst kann eine instrumentelle Funktion haben, im dem Sinne, dass eine Angststörung die Betroffenen von einer anderen Belastungssituation entlasten kann (z. B. eine Krankenhausmitarbeiterin entwickelt eine Fahrstuhlphobie und wird somit von der aktuellen schwierigen Arbeitssituation entlastet, da sie den Fahrstuhl vermeiden und nicht am Arbeitsplatz im 21. Stockwerk erscheinen kann). Angst kann auch in der Beziehungsgestaltung eine instrumentelle Funktion haben (z. B. Partnerin entwickelt eine Panikstörung, gewinnt dadurch Zuwendung und verhindert Beziehungsabbruch). Diese instrumentelle Funktion trägt zur Aufrechterhaltung der Angst bei. Versäumt der Therapeut oder die Therapeutin, diese instrumentelle Funktion der Angst in der Therapie zu berücksichtigen, kann dies zum Misserfolg führen. Dies legt nahe, dass eine genaue Analyse von Bedürfnissen und Plänen der Patienten und ein individuelles therapeutisches Beziehungsangebot für noch erfolgreichere Therapien, unabdingbar ist (vgl. Kap. 4 und 13).

6.6 Gesichtspunkte der aktuellen Forschung

Eine weitere Form der Behandlung von psychischen Störungen besteht in den alternativen Angeboten zur traditionellen face-to-face Therapie, wobei ein reduzierter Therapeutenkontakt entweder per Telefon oder im Rahmen einer Onlinebehandlung (z. B. Selbsthilfeprogramme welche nicht- Therapeuten-gestützt sind oder mit minimalem Therapeutenkontakt) angeboten wird. Diese alternativen Behandlungsformen, welche aktuell bei unterschiedlichen Störungen erforscht werden, erreichen vergleichbare Effekte in der Behandlung von beispielsweise sozialphobischen Patienten (vgl. Berger et al. 2014). In Deutschland dürfen nicht-therapeutengestützte Interventionen als Monopsychotherapie (als Selbsthilfe schon) aus rechtlichen Gründen (Kontakt mit dem Behandler ist erforderlich) nicht durchgeführt werden (Bandelow et al. 2014).

Abschließend soll festgehalten werden, dass noch ein großer Bedarf an Forschung im Bereich der Effektivität besteht, da vom aktuellen Behandlungsangebot nicht alle Betroffenen im gleichen Ausmaß profitieren. Bei einigen

Störungsbereichen muss die Datengrundlage noch als unsicher angesehen werden, da die Anzahl an randomisierten kontrollierten Studien gering ist und die Schlussfolgerungen auf teilweise wenigen Studien oder auf Expertenempfehlungen basieren (z. B. Ruhmland und Margraf 2001).

6.7 Verständnisfragen

Fragen

1. Wie würden Sie erkennen, dass eine Person an einer posttraumatischen Belastungsstörung leidet?
2. Welche Angststörung kommt in der Allgemeinbevölkerung am häufigsten vor?
3. Was ist bei der Diagnostik der Angststörungen zu beachten?
4. Wie wird die Entstehung der Angst lerntheoretisch erklärt?
5. Wieso kann eine isolierte Angstbehandlung nach Manual scheitern?

Literatur

Zitierte Literatur

Bandelow, B., Wiltink, J., Alpers, G. W., Benecke, C., Deckert, J., Eckhardt-Henn, A., Ehrig, C. ... & Beutel, M. E. (2014). *Deutsche S3-Leitlinie Behandlung von Angststörungen*. www.awmf.org/leitlinien.html.

Bengel, J., & Hubert, S. (2010). *Anpassungsstörung und akute Belastungsstörung. Fortschritte der Psychotherapie*. Göttingen: Hogrefe.

Berger, T., Boettcher, J., & Caspar, F. (2014). Internet-based guided self-help for several anxiety disorders: A randomized controlled trial comparing a tailored with a standardized disorder-specific approach. *Psychotherapy, 51,* 207–219. doi:10.1037/a0032527.

Borkovec, T. D., Alcaine, O., & Behar, E. (2004). Avoidance theory of worry and generalized anxiety disorder. In R. G. Heimberg, C. L. Turk, & D. S. Mennin (Hrsg.), *Generalized anxiety disorder: Advances in research and practice* (S. 77–108). New York: Guilford Press.

Bouton, M. E., Mineka, S., & Barlow, D. H. (2001). A modern learning theory perspective on the etiology of panic disorder. *Psychological Review, 108,* 4–32. doi:10.1037//0033-295X.108.1.4.

Flatten, G., Gast, U., Hofmann, A., Knaevelsrud, C., Lampe, A., Liebermann, P., (2011). S3 – Leitlinie Posttraumatische Belastungsstörung. *Trauma & Gewalt, 3,* 202–210.

Foa, E. B., Zinbarg, R., & Rothbaum, B. O. (1992). Uncontrollability and unpredictability in posttraumatic stress disorder: An animal model. *Psychological Bulletin, 112*, 218–238. doi:10.1037/0033-2909.112.2.218.

Kathmann, N. (2007). Die Wirksamkeit verhaltenstherapeutischer Behandlungsverfahren bei Zwangsstörungen. *Zeitschrift für Psychiatrie, Psychologie und Psychotherapie, 55*, 239–248. doi:10.1024/1661-4747.55.4.239.

Kessler, R. C., Berglund, P., Demler, O., Jin, R., Merikangas, K. R., & Walters, E. E. (2005). Lifetime prevalence and age-of-onset distributions of DSM-IV disorders in the national comorbidity survey replication. *Archives of General Psychiatry, 62*, 593–602. doi:10.1001/archpsyc.62.6.593.

Kessler, R. C., Ruscio, A. M., Shear, K., & Wittchen, H-U. (2009). Epidemiology of Anxiety Disorders. In M. B. Stein & T. Steckler (Hrsg.), *Behavioral neurobiology of anxiety and Its treatment*. Heidelberg: Springer. doi:10.1007/7854_2009_9.

Lindner, H., Modestin, J., & Hättenschwiler, J. (2011). Angststörungen: Klassifikation, Diagnostik, Therapie. *Psychiatrie & Neurologie, 5*, 21–28.

Mineka, S., & Zinbarg, R. (2006). A contemporary learning theory perspective on the etiology of anxiety disorders. *American Psychologist, 61*, 10–26. doi:10.1037/0003-066X.61.1.10.

Öst, L.-G., Steiner, U., & Lindahl, I.-L. (1984). Physiological responses in blood phobics. *Behaviour Research and Therapy, 22*, 109–117.

Ruhmland, M., & Margraf, J. (2001). Effektivität psychologischer Therapien von Panik und Agoraphobie: Meta-Analysen auf Störungsebene. *Verhaltenstherapie, 11*, 41–53.

Salkovskis, P. M. (1984). Cognitive-behavioral approaches to the understanding of obsessive-compulsive problems. In R. M. Rapee (Hrsg.), *Current controversies in the anxiety disorders* (S. 103–133). New York: Guilford Press.

Seligman, M. E. P. (1971). Phobias and preparedness. *Behavior Therapy, 2*, 307–320.

Wolitzky-Taylor, K. B., Horowitz, J. D., Powers, M. B., & Telch, M. J. (2008). Psychological approaches in the treatment of specific phobias: A meta-analysis. *Clinical Psychology Review, 28*, 1021–1037. doi:10.1016/j.cpr.2008.02.007.

Lesetipps

Bandelow, B., Lichte, T., Rudolf, S., Wiltink, J., & Beutel, M. (2015). *S3-Leitlinien Angststörungen*. Heidelberg: Springer.

Difede, J., Olden, M., & Cukor, J. (2014). Evidence-based treatment for post-traumatic stress disorder. *Annual Review of Medicine, 65*, 319–332.

Flückiger, C. (2015). Generalisierte Angststörung erkennen und verstehen. Störungsmodelle für die Psychotherapie. *Psychotherapie im Dialog, 2*, 52–55.

Stangier, U., Clark, D. M., Ginzburg, D. M., & Ehlers, A. (2015). *Soziale Angststörungen*. Göttingen: Hogrefe.

Schizophrenie 7

7.1 Symptomatik und Diagnostik

Schizophrenie beschreibt eine psychische Störung mit tief greifenden Veränderungen im Erleben und Verhalten der Betroffenen und umfasst eine Vielzahl sehr unterschiedlicher möglicher Symptome. Keines der Symptome tritt jedoch bei allen Betroffenen auf, sodass sehr heterogene klinische Erscheinungsbilder als Schizophrenie diagnostiziert werden können (siehe Abschn. 7.1.1 „Zwei Fallbeispiele"). Eine Einteilung der charakteristischen Symptome der Schizophrenie in *Positivsymptomatik* (=zum Erleben und Verhalten kommt etwas hinzu) und *Negativsymptomatik* (=Erleben und Verhalten wird eingeschränkt) hat sich als nützlich erwiesen. Positive Symptome sind unter anderem Wahn, Halluzinationen und Ich-Störungen, während negative Symptome beispielsweise desorganisiertes Denken und Sprechen, psychomotorische Störungen sowie Affektstörungen umfassen.

7.1.1 Zwei Fallbeispiele

Herr R. (chronischer Verlauf, eingeschränktes Funktionsniveau)
Herr R. ist ein 45-jähriger Patient, der innerhalb der letzten 20 Jahre über 15 stationäre Aufenthalte in psychiatrischen Kliniken hatte, und seit einigen Jahren in einer betreuten Wohngruppe lebt. Sein Leistungsniveau sank im Verlauf der Jahre kontinuierlich, und Affektstörungen wie Anhedonie und Alogie dominieren das klinische Bild. In unregelmäßigen Abständen treten akustische Halluzinationen (kommentierende Stimmen) und Gedankenausbreiten für einige Wochen in den Vordergrund.

Frau P. (einzelne Episode, hohes Funktionsniveau)
Frau P. ist 34-jährige Architektin, die kurz vor ihrer Abschlussprüfung im Alter von 26 Jahren einen Verfolgungswahn entwickelte und sich von „bösen Heilern" verfolgt und bedroht fühlte. Außerdem litt sie unter ausgeprägten formalen Denkstörungen. Unter Medikation und mithilfe von kognitiver Verhaltenstherapie remittierte die unbehandelt circa 3 Wochen andauernde Symptomatik. Heute arbeitet Frau P. in einem renommierten Architekturbüro. Mit gelegentlichen Verfolgungsideen kann sie aufgrund des in der Psychotherapie Erlernten souverän umgehen.

Wahn ist als Überzeugung definiert, an der trotz widersprüchlicher Belege festgehalten wird (z. B. von einem Geheimdienst überwacht zu werden bei Verfolgungswahn). *Halluzinationen* sind Sinneseindrücke, die von anderen nicht geteilt werden (z. B. akustische verbale Halluzinationen bzw. Stimmenhören). *Ich-Störungen* beschreiben beispielsweise das Erleben, dass Gedanken sich nach außen ausbreiten und von anderen Menschen gehört werden können *(Gedankenausbreitung)*. Desorganisiertes Denken und Sprechen kann von gelockerten Assoziationen bis hin zu „Wortsalat" reichen. Affektstörungen beinhalten beispielsweise die Symptome *Anhedonie* (=kein Empfinden von Freude) und *flacher Affekt* (=verringerter affektiver Ausdruck). Unter psychomotorischen Störungen werden im Rahmen von Schizophrenie Symptome wie Bewegungsstereotypien oder exzessiver Bewegungsdrang verstanden. Die psychopathologische Nomenklatur zur Beschreibung von Phänomenen im Rahmen von Schizophrenie ist sehr differenziert, umfasst viele fremdsprachliche Fachbegriffe wie beispielsweise *Alogie* (=Sprachverarmung) oder *Stupor* (=trotz klarem Bewusstsein völliges Ausbleiben von Bewegungen und Sprechen) und kann im Rahmen dieses Kapitels nicht vollständig dargestellt werden. Es sei auf weiterführende Literatur verwiesen (Leucht et al. 2009). Je nach Ausprägung und Muster der Symptome unterscheidet das ICD-10 Subtypen der Schizophrenie: paranoide (Wahnphänomene und/oder Halluzinationen stehen im Vordergrund), hebephrene (Desorganisation und Affektstörung herrschen vor), katatone (Verhaltensauffälligkeiten dominieren das Bild) und undifferenzierte Schizophrenie. Im aktuellen DSM-5 wurde die Unterscheidung von Subtypen der Schizophrenie verworfen.

Neben der Schizophrenie, deren Diagnosekriterien nach ICD-10 in Box 1 zusammengefasst sind, können psychotische Symptome wie Wahn oder Stimmenhören auch in sub-klinischer Ausprägung in der Allgemeinbevölkerung und in klinisch relevanter Ausprägung bei anderen *psychotischen Störungen* vorkommen, beispielsweise bei der wahnhaften Störung (ICD-10 F22.0), der schizoaffektiven Störung (F25) oder der akuten vorübergehenden psychotischen Störung (F23).

7.2 Epidemiologie, Verlauf und Ätiologie

Darüber hinaus treten psychotische Symptome auch bei anderen psychischen Störungen wie der schweren depressiven Episode (z. B. Schuldwahn) oder neurologischen Erkrankungen auf (z. B. Verfolgungswahn bei Demenz). Das DSM-5 unterscheidet sich vom ICD-10 in den Schizophrenie-Diagnosekriterien hauptsächlich darin, dass dort mindestens zwei Symptome über einen Zeitraum von mindestens sechs Monaten vorliegen müssen.

> **ICD-10 Diagnosekriterien kurzgefasst: F20 Schizophrenie**
> Entweder mindestens *ein* Symptom aus den Symptomgruppen Ich-Störung (Gedankeneingebung, Gedankenentzug, etc.), inhaltliche Denkstörung (Kontrollwahn, Beeinflussungswahn, etc.), kommentierende oder dialogische Stimmen oder bizarrer Wahn, oder mindestens *zwei* Symptome aus den Gruppen anhaltende Halluzinationen, formale Denkstörungen (Gedankenabreißen, etc.), katatone Symptome (Handlungsstereotypien, etc.), negative Symptome (Anhedonie, Affektverflachung, etc.) über einen Zeitraum von mindestens einem Monat.
>
> Zur kategorialen Diagnostik von Schizophrenie und anderen psychotischen Störungen werden strukturierte Verfahren wie beispielsweise das SKID-I empfohlen, um auch komorbide Störungen verlässlich zu diagnostizieren. Zur dimensionalen Diagnostik bieten sich Verfahren wie die Brief Psychiatric Rating Scale (BPRS) oder die Positive and Negative Syndrom Scale (PANSS) an.

7.2 Epidemiologie, Verlauf und Ätiologie

Die Lebenszeitprävalenz der Schizophrenie liegt bei circa 1 % und ist über Länder und Kulturen hinweg stabil. Männer und Frauen sind gleich häufig betroffen, wobei Männer ein früheres Erkrankungsalter (20–25 Jahre) als Frauen (25–30 Jahre) aufweisen.

Der Verlauf einer einzelnen Episode einer Schizophrenie beginnt häufig mit einer sogenannten *Prodromalphase*. Diese Phase kann mehrere Jahre oder nur kurz andauern und geht mit Symptomen wie sozialem Rückzug oder Kommunikationsschwierigkeiten sowie häufig einer Verminderung des psychosozialen Funktionsniveaus einher. Die *akute* beziehungsweise *floride Phase* ist meist durch positive Symptome (z. B. Stimmenhören und Wahn) gekennzeichnet und geht typischerweise in eine *Residualphase* mit vorherrschender Negativsymptomatik über (z. B. flacher Affekt und Alogie). Der Langzeitverlauf einer Schizophrenie kann sehr unterschiedliche Ausprägungen annehmen. Die im ICD-10 unterschiedenen Verläufe lauten *kontinuierlich* (stabile oder ansteigende Symptomatik), *episodisch mit zunehmendem Residuum, episodisch mit stabilem Residuum, episodisch remittierend* sowie *Voll-* und *Teilremission* (siehe Kap. 3. Epidemiologie und Ätiologie für eine Erläuterung der Begriffe). Etwa 20 % der Betroffenen remittieren voll, etwa 45 % remittieren teilweise, ohne dass die verbleibenden Symptome die Kriterien für eine Schizophrenie weiterhin erfüllen, und etwa 35 % der Betroffenen remittieren nicht (Huber et al. 1980). Häufige komorbide Störungen sind Substanzabhängigkeit oder -missbrauch, aber auch Angststörungen wie beispielsweise die soziale Phobie oder Panikstörung treten bei Betroffenen nicht selten auf.

Die Entstehung und Aufrechterhaltung von schizophrener Symptomatik kann nicht auf einen oder wenige (Kausal-)Faktoren reduziert werden. Vielmehr werden Risikofaktoren sowie ätiologische Annahmen und Befunde auf medizinisch-biologischer, psychologischer und sozialer Ebene in einem multifaktoriellen Modell integriert. Als wissenschaftlich und klinisch nützlich hat sich die Integration in ein sogenanntes *Vulnerabilitäts-Stress-Modell* erwiesen. Faktoren, die die Vulnerabilität (=Verletzlichkeit, Anfälligkeit) für Schizophrenie oder einzelne Symptome erhöhen, sind beispielsweise genetisches Risiko (medizinisch-biologische Ebene), kognitive Verzerrungen wie die Neigung zum voreiligen Schlussfolgern (psychologische Ebene), oder geringer sozioökonomischer Status (soziale Ebene). Je mehr Vulnerabilitätsfaktoren vorliegen und gegebenenfalls interaktiv zusammenwirken, desto geringer ist die hypothetisch angenommene Vulnerabilitätsschwelle. Bei einer niedrigen Schwelle können Stressfaktoren wie kritische Lebensereignisse (sog. *life events*), alltägliche Stressoren, oder deren Kombination mit höherer Wahrscheinlichkeit zur Entstehung oder Aufrechterhaltung von Symptomen führen. Das Vulnerabilitäts-Stress-Modell ist in Abb. 7.1 illustriert. Das Modell ist hilfreich für die Integration wissenschaftlicher Befunde und die Vermittlung eines Problemmodells an Patienten. Kritisch anzumerken ist, dass das Vulnerabilitäts-Stress-Modell die zugrunde liegenden Prozesse stark vereinfacht (und beispielsweise bei Patienten und Behandlern zu einer rigiden Vermeidung von „Stress" führen kann, welche langfristig Nachteile mit sich bringt).

Zu den biologischen Faktoren zählen unter anderem die Heredität (=‚Vererbung'; bei etwa 10 % der Kinder von Menschen mit Schizophrenie tritt die Störung ebenfalls auf), prä- und perinatale Traumata (z. B. Geburtskomplikationen oder Virusinfektionen) und neurobiologische Veränderungen (z. B. dopaminerge Dysfunktion). Für eine ausführlichere Darstellung biologischer Befunde sei auf Leucht und Kollegen (2009) verwiesen. Zu den sozialen Faktoren des

7.2 Epidemiologie, Verlauf und Ätiologie

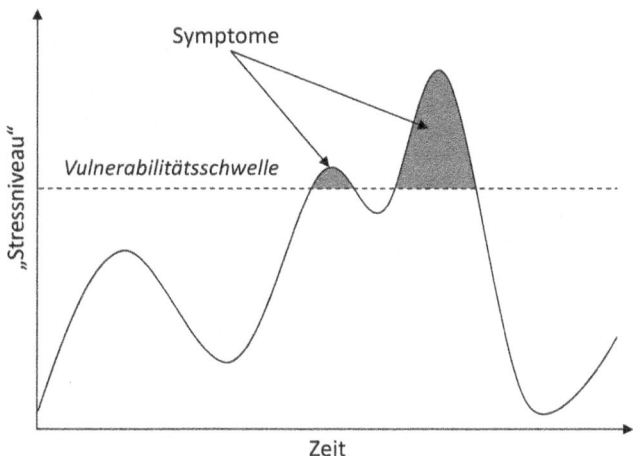

Abb. 7.1 Vulnerabilitäts-Stress-Modell. Schematische Darstellung des Vulnerabilitäts-Stress-Modells in Anlehnung an Zubin und Spring (1977). Die Intensität des Stresses („Stressniveau", Y-Achse) fluktuiert über die Zeit hinweg (X-Achse). Wenn die hypothetische Vulnerabilitätsschwelle überschritten wird, kommt es zu psychotischen Symptomen (grauer Bereich)

Vulnerabilitäts-Stress-Modells gehören unter anderem der familiäre Kommunikationsstil *high expressed emotion* (=verstärkter Ausdruck von Kritik und Feindseligkeit sowie Überbehütung), welcher das Risiko für eine erneute psychotische Episode erhöht, sowie die Stigmatisierung von Menschen mit Schizophrenie-Diagnose.

Zum Verständnis der psychologischen Faktoren hat die klinisch-psychologische Forschung in den letzten 25 Jahren mit einer Vielzahl von Grundlagenstudien beigetragen. Diese konzentrierten sich vor allem auf einzelne Symptome *(single-symptom research)* und konnten die psychologischen Mechanismen der Entstehung und Aufrechterhaltung von psychotischen Symptomen wie Wahn und akustischen verbalen Halluzinationen beleuchten und auch für die Psychotherapie nutzbar machen. Wesentliche Befunde sind unter anderem: 1) Psychotische Symptome treten in klinisch nicht relevanter, sub-klinischer Form auch spontan in der Allgemeinbevölkerung auf und können durch starke Belastung (z. B. Schlafentzug) induziert werden. Das hat zur Annahme eines fließenden Übergangs von ‚normalem' und ‚psychotischem' Erleben geführt *(Kontinuumhypothese)*. Diese Annahme erlaubt beispielsweise das Verständnis der Entstehung und Aufrechterhaltung wahnhafter

Überzeugungen aus einer normalpsychologischen Perspektive (z. B. auf Grundlage sozialpsychologischer Theorien zur Einstellungsbildung) und spricht gegen einen qualitativen Unterschied zwischen ‚normalem' und ‚psychotischen' Erleben. 2) Kognitive Verzerrungen *(cognitive biases)* wie zum Beispiel die Neigung zu voreiligem Schlussfolgern *(jumping-to-conclusions)* oder der *Bias Against Disconfirmatory Evidence* (=widersprechende Informationen fließen bei Urteilsbildung wenig ein) sowie emotionale Prozesse (z. B. erhöhte Stress-Reaktivität) können die Entstehung von wahnhaften Überzeugungen begünstigen (für einen Überblick, siehe Lincoln 2014).

7.3 Behandlung

Die drei Ebenen des bio-psycho-sozialen Modells der Schizophrenie stellen gleichzeitig die Ansatzpunkte für Behandlungsmöglichkeiten dar. Die biologisch-medizinische Ebene beinhaltet die medikamentöse Therapie sowie die Elektrokrampftherapie. Die psychologische Ebene umfasst Psychotherapie (insbesondere die kognitive Verhaltenstherapie der Schizophrenie, siehe Lincoln 2014) sowie psychologische Trainings. Im Spannungsfeld zwischen psychologischer und sozialer Ebene lässt sich die Familientherapie verorten.

Eine evidenz-basierte Behandlungsoption für Patienten mit Schizophrenie ist die kognitive Verhaltenstherapie. Sie wurde in einer Vielzahl von randomisiert-kontrollierten Studien evaluiert (für eine aktuelle Metaanalyse, siehe Turner et al. 2014) und wird in mehreren nationalen Leitlinien zur Schizophrenie-Behandlung empfohlen.

Psychologische Trainings werden oft in computerisierter Form oder im Gruppensetting durchgeführt. Beispielsweise zielt das Metakognitive Training für Psychose (MKT; http://www.uke.de/mkt) auf die Erkennung und Veränderung kognitiver Verzerrungen und problematischer Denkstile ab und wird in einem Gruppensetting über acht Sitzungen durchgeführt. Andere Trainings unterstützen die kognitive Remediation, soziale Fähigkeiten und das Problemlösen.

Die medikamentöse Therapie gehört zur Standardbehandlung bei Schizophrenie in akuten Phasen sowie zur Rezidivprophylaxe (=Verhinderung von Wiederauftreten einer Krankheitsphase) und wird mithilfe von Antipsychotika (auch: Neuroleptika) umgesetzt. Klassische Antipsychotika wirken vor allem auf das Dopaminsystem (z. B. Haloperidol™), während Antipsychotika der zweiten Generation (z. B. Risperidon™; auch atypische Antipsychotika genannt) auf mehrere Neurotransmittersysteme einwirken (dopaminerges und serotonerges System). Die Wirksamkeit von klassischen Antipsychotika bei

Positivsymptomatik und von Antipsychotika der zweiten Generation bei Positiv- und auch Negativsymptomatik gilt als belegt, wenngleich es nur bei 70 bis 80 % der Patienten zu einer Symptomverbesserung bei antipsychotischer Medikation kommt. Die Einnahme von Antipsychotika kann mit motorischen (z. B. Sitzunruhe, Steifheit der Muskulatur) und anderen Nebenwirkungen (z. B. Mundtrockenheit, Müdigkeit, Gewichtszunahme) einhergehen.

7.4 Gestaltung der Therapiebeziehung

Eine Grundvoraussetzung für psychologische und auch medikamentöse Therapie stellt eine tragfähige Therapiebeziehung zwischen Behandler und Patient dar. Im Rahmen der Entwicklung der kognitiven Verhaltenstherapie bei Schizophrenie wurde deutlich, dass die emotionale *Validierung* des Erlebens und Verhaltens von Patienten mit psychotischen Symptomen sowie die *Normalisierung* der Symptome zum Aufbau und Erhalt einer Therapiebeziehung hilfreich sind. Validierungen sind Äußerungen des Behandlers, die die Nachvollziehbarkeit der subjektiven emotionalen, gedanklichen und verhaltensmäßigen Reaktion auf psychotische Symptome wie zum Beispiel Stimmenhören oder Verfolgungswahn vermitteln („Ich kann gut nachvollziehen, dass Sie Angst haben und sich zurückziehen, wenn Sie den Eindruck haben, dass Sie verfolgt werden"). Validierung bedeutet *nicht*, dass die psychotischen Symptome als solche ‚bekräftigt' werden (nicht: „Ich stimme Ihnen zu, dass Sie verfolgt werden"). Unter Normalisierung wird die Vermittlung von Informationen darüber verstanden, dass psychotische Symptome in sub-klinischer Form auch in der Allgemeinbevölkerung auftreten (z. B. „Studien konnten zeigen, dass viele Menschen manchmal den Gedanken ‚Ich werde verfolgt' haben").

Bei geringer oder fehlender Medikamenten-Compliance kann die instrumentelle Perspektive auf dieses „Problemverhalten" (keine Medikamente einnehmen) nützlich sein. Wenn beispielsweise das Verhalten auch der Befriedigung des Autonomie-Bedürfnisses dient (Mittel: „Nimmt keine Medikamente" (Caspar 2017); Ziel: „Entscheide selbst"), würde eine motivorientierte Beziehungsgestaltung anders realisiert werden, als wenn das Verhalten der Befriedigung des Bindungsbedürfnisses zuträglich wäre (Mittel: „weist Medikamente zurück"; Ziel: „Bewirke Gespräche mit dem Behandler"). Während im ersten Fall ein Einräumen von mehr Spielraum für Autonomie angezeigt wäre (z. B. über Sitzungsverlauf mitbestimmen, im Stationsalltag mehr Freiheitsgerade erhalten, „shared decision making", etc.), würden im zweiten Falle nicht-kontingente Bindungsangebote hilfreich sein (z. B. Anbieten von Kurzkontakten).

‚Mangelnde' Krankheitseinsicht kann instrumentell dem Schutz des Selbstwerts dienen. In diesem Falle stellt ein Beharren auf der Notwendigkeit von Krankheitseinsicht durch Behandler eine Bedrohung des Selbstwerts des Patienten dar und ist aus Sicht der motivorientierten Beziehungsgestaltung nicht sinnvoll. Eine höhere Bereitschaft zur Betrachtung alternativer Erklärungen von ungewöhnlichen Erfahrungen könnte in diesem Falle motivorientiert unterstützt werden, indem das Selbstwert-Motiv des Patienten beispielsweise durch Normalisierung und Validierung (siehe oben) gesättigt wird.

7.5 Verständnisfragen

Fragen

1. Welche psychologischen Mechanismen können zur Erklärung der Entstehung und Aufrechterhaltung von psychotischen Symptomen wie Wahn herangezogen werden?
2. Welche evidenzbasierten Verfahren zur Behandlung bei Schizophrenie kennen Sie?
3. Kommen Psychose-ähnliche Erfahrungen in der Allgemeinbevölkerung vor?
4. Was wird unter Beziehungswahn verstanden?
5. Was wird unter Validierung im Rahmen von kognitiver Verhaltenstherapie bei Schizophrenie verstanden?

Literatur

Huber, G., Gross, G., Schüttler, R., & Linz, M. (1980). Longitudinal studies of schizophrenic patients. *Schizophrenia Bulletin, 6,* 592–605.

Leucht, S., Fritze, J., Lanczik, P., Vauth, R., & Olbrich, H. (2009). Schizophrenien und andere psychotische Störungen. In M. Berger (Hrsg.), *Psychische Erkrankungen. Klinik und Praxis*. München: Urban & Fischer.

Lincoln, T. M. (2014). *Kognitive Verhaltenstherapie der Schizophrenie: Ein individuenzentrierter Ansatz* (2. Aufl.). Göttingen: Hogrefe.

Turner, D. T., Gaag, M. van der, Karyotaki, E., & Cuijpers, P. (2014). Psychological interventions for psychosis: A meta-analysis of comparative outcome studies. *The American Journal of Psychiatry, 31*(3), 697–704. doi:10.1176/appi.ajp.2013.13081159.

Zubin, J., & Spring, B. (1977). Vulnerability: A new view of schizophrenia. *Journal of Abnormal Psychology, 86*(2), 103.

Essstörungen

8.1 Einleitung

In diesem Kapitel werden die Essstörungen vorgestellt. Das Kernmerkmal von Essstörungen ist ein gestörtes Essverhalten, wobei die Betroffenen sich konstant mit dem Thema Essen beschäftigen. Unterschieden werden hier hauptsächlich zwei Arten der Essstörungen und zwar die *Anorexia nervosa* und die *Bulimia nervosa*. Eine dritte, noch junge aber bereits praxisrelevante Diagnosekategorie, welche im neuen DSM-5 aufgenommen wurde, ist die *Binge-Eating-Störung* (American Psychiatric Association [APA] 2002, 2013).

Die *Anorexia nervosa,* die Magersucht, ist durch ein selbst herbeigeführtes Untergewicht gekennzeichnet. Vor allem betroffen sind junge Mädchen und junge Frauen. Die Leitsymptome der Magersucht sind das Untergewicht, die starke Angst vor der Gewichtszunahme und eine ausgeprägte *Körperschemastörung* (gestörte Wahrnehmung und mentale Repräsentation des eigenen Körpers). Obwohl die Betroffenen durch das restriktive Essen bereits starkes Untergewicht aufweisen, bleibt aufgrund der Körperschemastörung die starke Angst vor einer Gewichtszunahme bestehen.

Die *Bulimia nervosa,* die Ess-Brech-Sucht, ist durch Essanfälle gekennzeichnet, wobei in einer relativ kurzen Zeit eine große Menge an Nahrungsmitteln schneller als üblich verzehrt wird. Daraufhin wird von den Betroffenen oft sehr zeitnah dieser Essanfall durch eine Gegenmaßnahme kompensiert. Eine häufig verwendete Gegenmaßnahme ist das selbst herbeigeführte Erbrechen. Solche Ess-Brech-Anfälle kommen mindestens 3-mal pro Tag vor, können aber bis zu 20-mal am Tag oder häufiger auftreten. Anders als bei der Magersucht sind hier die Betroffenen oft normalgewichtig.

Das Hauptmerkmal der *Binge-Eating-Störung* sind Heißhungeranfalle mit Essattacken welche nicht durch Gegenmaßnahmen kompensiert werden (Munsch 2011). Die Betroffenen sind häufig übergewichtig oder *adipös* (Body Mass Index [kg/m^2] > 30). Mit einer Lebenszeitprävalenzrate von etwa einem Prozent in der Normalbevölkerung sind Essstörungen eher selten. Anorexia nervosa entsteht in der Adoleszenz und Bulimia nervosa meist später. Der Verlauf der Essstörungen ist oft chronisch. Vielfach treten diese komorbid mit affektiven Störungen, Angst- und Zwangsstörungen, Substanzmissbrauch und -abhängigkeit auf (Keller 2013). Die Mortalitätsrate bei Anorexia nervosa ist mit etwa 10 % erhöht; dabei stehen Organversagen als Folge der Mangelernährung und Suizid im Vordergrund. Die Entstehung der Essstörungen wird durch multiple Faktoren begünstigt, wobei intrapsychische, psychosoziale, soziokulturelle und biologische Faktoren in komplexer Wechselwirkung stehen (Keller 2013).

8.2 Diagnostik

Eine ausführliche Abklärung auf somatischer und psychischer Ebene ist bei Essstörungen erforderlich. Im Zuge der psychologischen Abklärung sollten nicht nur die Symptome der Essstörung anhand von Interviews oder Fragebögen erfasst werden, sondern es empfiehlt sich, diagnostische Verfahren zur Beurteilung der oben erwähnten Komorbiditäten einzusetzen. Während der diagnostischen Abklärung sollten die folgenden Themen abgeklärt und berücksichtigt werden: Dauer und Schweregrad der Symptomatik, familiäre Vorgeschichte von Essstörungen, die essensbezogene Verhaltensweisen in der Familie, Vernachlässigung oder Gewalterfahrungen in der Biografie, Selbstwertprobleme, Schwierigkeiten bei der Impulskontrolle, psychische Komorbidität und körperliche Untersuchungen (Jäger und Herpertz 2013). All diese Aspekte können eine bedeutende Rolle in der Entstehung und Aufrechterhaltung der Essstörungen spielen.

Basierend auf der Mangelernährung und den gewichtskompensatorischen Maßnahmen können schädliche körperliche Veränderungen (z. B. Osteoporose; umgangssprachlich Knochenschwund) die Folge sein. Körperliche Befunde bei der Anorexia nervosa können beispielsweise eine trockene, schuppige Epidermis, *Lanugobehaarung* (=feiner, dünner Haarflaum), Blutbildveränderungen oder hormonelle Störungen sein. Bei der Bulimia nervosa sind unter anderem ausgeprägte Karies und Speicheldrüsenschwellung die Konsequenz der Essstörung (für detailliertere Darstellung siehe Herpertz-Dahlmann et al. 2005). Daher sind zu

8.2 Diagnostik

Beginn der Behandlung körperliche Untersuchungen und Labordiagnostik indiziert, wobei das Blutbild und der Hormonspiegel (von z. B. Leptin & Wachstumshormonen) geprüft werden sollten. Diese Untersuchungen dienen ebenso dahin gehend, dass mögliche internistische und neurologische Erkrankungen (z. B. Diabetes oder chronische Bauchspeicheldrüsenentzündung) ausgeschlossen werden können.

Die Essstörungen werden in der ICD-10 unter F50 „*Verhaltensauffälligkeiten mit körperlichen Störungen und Faktoren*" aufgelistet (WHO 2011). Im Folgenden werden die Leitlinien der Anorexia nervosa und der Bulimia nervosa berichtet. Es liegen nach dem ICD-10 noch keine Leitlinien für die Binge-Eating-Störung vor, weshalb die Forschungsdiagnose im DSM-IV-TR herangezogen wird.

Die folgenden diagnostischen Kriterien müssen nach ICD-10 erfüllt sein, damit die Diagnose Anorexia nervosa (F50.0) vergeben werden kann:

F50.0	1. Tatsächliches Körpergewicht mindestens 15 % unter dem erwarteten (entweder durch Gewichtsverlust oder nie erreichtes Gewicht) oder BMI von 17,5 oder weniger. Bei Patienten in der Vorpubertät kann die erwartete Gewichtszunahme während der Wachstumsperiode ausbleiben
	2. Der Gewichtsverlust ist selbst herbeigeführt durch: a) Vermeidung von hochkalorischen Speisen; sowie eine oder mehrere der folgenden Verhaltensweisen: b) Selbst induziertes Erbrechen; c) Selbst induziertes Abführen; d) Übertriebene körperliche Aktivitäten; e) Gebrauch von körperlichen Appetitzüglern und/oder Diuretika
	3. Körperschemastörung in Form einer spezifischen psychischen Störung: die Angst, zu dick zu werden, besteht als eine tief verwurzelte Idee; die Betroffenen legen eine sehr niedrige Gewichtsschwelle für sich selbst fest
	4. Eine endokrine Störung auf der Hypothalamus-Hypophysen-Gonaden-Achse. Sie manifestiert sich bei Frauen als *Amenorrhoe* (Ausbleiben der Regelblutung) und bei Männern als Libido- und Potenzverlust. Eine Ausnahme ist das Persistieren vaginaler Blutungen bei anorektischen Frauen mit einer Hormonsubstitutionsbehandlung (z. B. die Pille) zur Kontrazeption (Empfängnisverhütung). Erhöhte Wachstumshormone- und Kortisolspiegel, Änderungen des peripheren Metabolismus von Schilddrüsenhormonen und Störungen der Insulinsekretion können gleichfalls vorliegen
	5. Bei Beginn der Erkrankung vor der Pubertät ist die Abfolge der pubertären Entwicklungsschritte verzögert oder gehemmt (Wachstumsstopp; fehlende Brustentwicklung und primäre Amenorrhoe bei Mädchen; bei Knaben bleiben die Genitalien kindlich). Nach Remission wird die Pubertätsentwicklung häufig normal abgeschlossen, die Menarche (die erste Regelblutung) tritt aber verspätet ein

Die Diagnosekriterien der Bulimia nervosa (F50.2) sind nach ICD-10 die folgenden:

F50.2	1. Eine andauernde Beschäftigung mit Essen, eine unwiderstehliche Gier nach Nahrungsmitteln; die Betroffenen erliegen Essattacken (Esstaumel), bei denen große Mengen Nahrung in sehr kurzer Zeit konsumiert werden
	2. Die Betroffenen versuchen, dem dickmachenden Effekt der Nahrung durch verschiedene Verhaltensweisen entgegenzusteuern: Selbst induziertes Erbrechen, Missbrauch von Abführmitteln, zeitweilige Hungerperioden, Gebrauch von Appetitzüglern, Schilddrüsenpräparaten oder *Diuretika* (Medikament zur Ausschwemmung von Wasser aus dem Körper). Wenn die Bulimie bei Diabetikern auftritt, kann es zu einer Vernachlässigung der Insulinbehandlung kommen
	3. Eine der wesentlichen psychopathologischen Auffälligkeiten besteht in der krankhaften Furcht davor, dick zu werden; die Betroffenen setzen sich eine scharf definierte Gewichtsgrenze, deutlich unter dem prämorbiden, vom Arzt als optimal oder „gesund" betrachteten Gewicht. Häufig lässt sich in der Vorgeschichte mit einem Intervall von einigen Monaten bis zu mehreren Jahren eine Episode einer Anorexia nervosa nachweisen. Diese frühere Episode kann voll ausgeprägt gewesen sein, oder war eine verdeckte Form mit mäßigem Gewichtsverlust oder einer vorübergehenden Amenorrhoe

Die Binge-Eating-Störung ist durch Essanfälle gegenzeichnet, wobei die Betroffenen ohne Hunger, schneller als gewöhnlich, alleine und bis zu einem unangenehmen Sättigungsgefühl essen (Munsch 2011). Häufig sind die Betroffenen übergewichtig oder adipös (Hudson et al. 2007). Die für die Binge-Eating-Störung berichteten Forschungskriterien nach DSM-IV-TR sind in Tab. 8.1 zusammengestellt (DSM-IV da die Kriterien aus dem DSM-5 noch nicht übersetzt wurden).

Wenn das klinische Störungsbild nicht im vollen Umfang den Leitlinien entspricht, können atypische Anorexia nervosa und atypische Bulimia nervosa diagnostiziert werden (unter F50.1 und F50.3). Diese Kategorien werden beispielsweise vergeben, wenn einige Kernmerkmale (z. B. Untergewicht) der Anorexia nervosa oder der Bulimia nervosa nicht erfüllt sind. Falls beispielsweise Essattacken oder das Erbrechen im Rahmen von anderen psychischen Störungen auftreten (z. B. als Reaktion auf Unfälle, Geburt oder bei der dissoziativen Störung) kann dies unter F50.4 „Essattacken bei anderen psychischen Störungen" oder F50.5 „Erbrechen bei anderen psychischen Störungen" klassifiziert werden.

Im Verlauf der Störung können oft Fluktuationen in der Symptomatik vorkommen. Dies bedeutet, dass etwa 1/3 der Betroffenen nach einer Episode von Anorexia nervosa im Anschluss eine Bulimia nervosa zeigen, wobei der umgekehrte Fall

8.2 Diagnostik

Tab. 8.1 Forschungskriterien der Binge-Eating-Störung (zusammengefasst; DSM-IV-TR)

Kriterium	Beschreibung
Kriterium A	Wiederholte Episoden von Essanfällen, welche durch die beiden folgenden Kriterien charakterisiert sind:
	• Essen einer Nahrungsmenge in einer abgrenzbaren Zeitspanne (z. B. innerhalb von zwei Stunden), wobei die Nahrungsmenge wesentlich größer ist als jene, die die meisten Menschen innerhalb einer entsprechenden Zeitspanne und unter vergleichbaren Umständen essen würden • Ein Gefühl des Kontrollverlustes über das Essen
Kriterium B	Während des Essanfalls
	• Wird viel schneller gegessen als üblich, • Wird so viel gegessen, bis es zu einem unangenehmen Völlegefühl kommt, • Werden große Mengen an Nahrung gegessen, obwohl kein Hungergefühl besteht, • Wird oft alleine gegessen, weil einem die verzehrte Menge an Nahrung peinlich ist
	Nach einem Essanfall
	• Treten Ekelgefühle gegenüber der eigenen Person, Schuldgefühle und Niedergeschlagenheit auf
Kriterium C	• Es besteht ein großer Leidensdruck
Kriterium D	• Über eine Zeitspanne von mindestens sechs Monaten und an mindesten zwei Tagen pro Woche treten im Schnitt die Essanfälle auf
Kriterium E	• Nach den Essanfällen werden nicht regelmäßig kompensatorische Maßnahmen zu Gewichtskontrolle eingesetzt (z. B. Restriktives Essen oder übermäßiges Sporttreiben) und es liegt keine andere Essproblematik (Anorexia oder Bulimia nervosa) vor

Anmerkung: Kriterium A, mindestens drei Punkte aus Kriterium B, Kriterium C, D und E sollten erfüllt sein, damit die Diagnose Binge-Eating-Störung vergeben werden kann (Munsch 2011)

eher selten ist (Fairburn und Harrison 2003). Häufig geschieht auch ein Wechsel der Symptomatik von einem Vollbild in die atypische Kategorie der Anorexia beziehungsweise Bulimia nervosa. Im klinischen Alltag werden etwa 50 % der Betroffenen entweder der Kategorie *atypisch* oder *nicht näher bezeichnet* zugeordnet. Basierend auf dieser Beobachtung wurde eine transdiagnostische Perspektive in der Verhaltenstherapie entwickelt, wobei die diagnostisch gezogenen Grenzen zwischen den einzelnen Störungsbildern wieder an Bedeutung verloren (vgl. Fairburn und Harrison 2003).

8.3 Epidemiologie und Ätiologie

Die Essstörungen entstehen vor allem in der frühen Kindheit. Anorexia nervosa und die Binge-Eating-Störung können schon bei Kindern zwischen sieben und acht Jahren, die Bulimia nervosa bei Jugendlichen ab dem 12. Lebensjahr beobachtet werden (Herpertz-Dahlmann et al. 2005). Bei der Anorexia nervosa haben Frauen im Alter von 15–19 Jahre die höchste Inzidenzrate und bei Bulimia nervosa im Alter von 20–24 Jahren (Hoek und van Hoeken 2003). Frauen sind deutlich häufiger von Essstörungen betroffen als Männer. Die Lebenszeitprävalenz bei Frauen beträgt für eine Anorexia nervosa 0.9 % (bei Männern 0.3 %) für eine Bulimia nervosa 1.5 % (bei Männern 0.5 %) und für die Binge-Eating-Störung 3.5 % (bei Männern 2.0 %; Hudson et al. 2007).

Die Entstehung der Essstörungen wird durch multiple allgemeine und spezifische intrapsychische, psychosoziale, soziokulturelle und biologische Risikofaktoren im Sinne eines *biopsychosozialen Modells* erklärt. Dabei wird ein komplexes Zusammenwirken von Faktoren der folgenden drei Bereiche angenommen: Anfälligkeit (trägt dazu bei, dass ein Individuum anfällig für eine Störung ist), auslösend (trägt dazu bei, dass die Störung zu einem bestimmten Zeitpunkt entsteht) und aufrechterhaltend. Faktoren welche die Anfälligkeit für eine Essstörung erhöhen, sind zum Beispiel ein niedriges Selbstwertgefühl, Perfektionismus oder Essstörungen in der Familie, was auf eine genetische Disposition hinweist. Zwillingsstudien haben ergeben, dass die genetische Disposition bei Anorexia nervosa höher ist als bei Bulimia nervosa (Herpertz-Dahlmann et al. 2005). Weiter stellen das weiblich Geschlecht, die westliche Kultur, die Adoleszenz und das frühes Erwachsenenalter Risikofaktoren für eine Essstörung dar (Fairburn und Harrison 2003; Herpertz-Dahlmann et al. 2005). Weitere individuelle Risikofaktoren sind Übergewicht, sexueller Missbrauch oder häufiges Diätverhalten in der Familie. Faktoren welche auslösenden Charakter haben können, sind beispielsweise Kritik am Essverhalten, an der Figur oder am Gewicht durch Freunde oder Familie und ein berufs- oder freizeitbedingter Schlankheitsdruck. Dies steht im Einklang damit, dass Essstörungen gehäuft bei Models, Leistungssportlerinnen oder Tänzerinnen vorkommen (Herpertz-Dahlmann et al. 2005).

Des Weiteren werden Emotionsregulationsdefiziten eine ursächliche und eine aufrechterhaltende Rolle zugeschrieben. In Untersuchungen wurde belegt, dass ein dysfunktionaler Umgang mit Belastungssituationen in Verbindung mit Essstörungen steht. Das häufige Erleben von Stress und negativen Gefühlen geht einher mit höherer Kalorienzufuhr (Legenbauer und Vocks 2011). Das Essen kann auch als Strategie zur Regulation von negativen Gefühlen dienen *(emotionales Essen)*. Das veränderte Essverhalten (Essanfälle oder verminderte Nahrungszufuhr im

Sinne des Fastens) wird bei der dialektisch-behavioralen Therapie für Essstörungen (DBT-E) als natürliche Konsequenz auf Stressbelastung, Traumatisierung oder Schwierigkeiten der Emotionsregulation gesehen (Sipos et al. 2011). Folglich setzt die Behandlung an diesen Punkten an (s. Abschn. 8.4).

Die Forschung zu den Erklärungsfaktoren für die Binge-Eating-Störung ist sehr jung und steht noch am Anfang. Munsch (2011) nennt zwei vorbestehende Bedingungen als Ursache für eine Binge-Eating-Störung:

1. frühkindliche Einflüsse wie z. B. Bewegungs- und Ernährungsgewohnheiten, die zu einem Übergewicht oder einer Adipositas führen können;
2. generelle Risikofaktoren wie zum Beispiel traumatische Ereignisse oder anhaltender Stress in der Familie, welche ein Individuum generell für eine psychische Störung anfällig machen können.

8.4 Behandlung

Im Jahre 2011 wurden Leitlinien der Arbeitsgemeinschaft der wissenschaftlichen medizinischen Fachschaft (AWMF) zur Diagnostik und Therapie der Essstörungen veröffentlicht (Jäger und Herpertz 2013). Diese basieren mehrheitlich auf Expertenmeinungen, da vor allem im Forschungsfeld der Anorexia nervosa bis anhin ungenügend metaanalytische Absicherung besteht. Die Psychotherapie gilt als die Methode der Wahl in der Behandlung der Essstörungen, wobei diese im ambulanten, teilstationären oder stationären Rahmen stattfinden kann. Die kognitive Verhaltenstherapie, die systemische Therapie und die fokale psychodynamische Therapie sind wirksame psychotherapeutische Ansätze, wobei für die erstere die meisten Wirksamkeitsstudien vorliegen. Ergänzend kann eine pharmakologische Behandlung mit Antidepressiva stattfinden. Die Psychotherapie sollte individuell an Person und Störungsbild angepasst werden. Die übergreifenden Ziele in der Behandlung sind die Abwendung akuter Lebensgefahr, der Aufbau einer ausreichenden Behandlungsmotivation, die Gewichtsrehabilitation und die Behandlung von somatischen Komplikationen und von komorbiden Störungen. Dazu ist oft ein interdisziplinäres Team (Psychologen/Psychologinnen, Ärzten/Ärztinnen und Ernährungsberatern/Ernährungsberaterinnen) erforderlich.

Im Rahmen der Behandlung der Anorexia nervosa sind die primären Therapieziele die Wiederherstellung eines dem Alter und der Größen entsprechenden Gewichtes, Normalisierung des Essverhaltens, Behandlung körperlicher Folgeschäden, Behandlung der emotionalen, kognitiven und zwischenmenschlichen Schwierigkeiten und der Wiederintegration in das Sozialleben (Jäger und Herpetz 2013).

Gravierendes Untergewicht (BMI < 15 kg/m^2), fehlender Erfolg einer ambulanten Behandlung, soziale Isolation, problematische familiäre Umstände, schwere Begleitsymptomatik (z. B. Diuretikamissbrauch), körperliche Gefährdung und eine Notwendigkeit einer multiprofessionellen Behandlung sind Indikatoren für eine stationäre Behandlung (Jäger und Herpetz 2013). Die ultima ratio Zwangsernährung kollidiert mit dem ausgeprägten Kontroll- und Autonomiebedürfnis vieler Patientinnen.

Die Bulimia nervosa kann, wenn keine ausgeprägte Komorbidität besteht, eher im ambulante Setting behandelt werden als die Anorexie. Bei Kindern und Jugendlichen wird bei der Bulimia nervosa der Einbezug der Familienmitglieder empfohlen. Auch hier sollten Bestandteile der individuellen Psychotherapie die Gewichtsrehabilitation, Ernährungsberatung sowie die Behandlung komorbider Störungen sein (Herpertz-Dahlmann et al. 2005).

Der Behandlungsfokus bei der Binge-Eating-Störung liegt bei der Behandlung der Kernsymptome, hier gemeint die Essanfälle und die essstörungsspezifische Psychopathologie. Weiter sollte der Wunsch der Betroffenen nach Gewichtsreduktion in der Therapie thematisiert und die psychische und somatische Komorbiditäten behandelt werden (Jäger und Herpertz 2013).

8.5 Gestaltung der Therapiebeziehung

Der Aufbau einer vertrauensvollen Therapiebeziehung ist durch die hohe *Therapieambivalenz* (Konflikt der Betroffenen zwischen der Angst vor der Gewichtszunahme und gleichzeitig dem Therapieziel Gewichtzunahme) (bei Anorexie) und die Impulsdurchbrüche (bei Bulimie) sehr anspruchsvoll. Die Beziehungsgestaltung hat einer möglichen Funktionalität der Störung sowie besonders ausgeprägten zwischenmenschlichen Bedürfnissen Rechnung zu tragen. Funktionalitäten können sein: Interpersonal z. B. Kontrolle der Familie durch besonderes Verhalten und Regeln im Zusammenhang mit dem Essen; sich der Versorgung und damit Kontrolle einer Mutter entziehen: intrapsychisch Ablenkung von anderen Problemen durch starke Beschäftigung mit Essen. Solche Funktionalitäten dürfen aber keinesfalls pauschal unterstellt, sie müssen aus sorgfältigen individuellen Fallkonzeptionen abgeleitet werden.

Die im Folgenden genannten zwei Konzepte können auf die Beziehungsgestaltung mit Betroffenen übertragen und hilfreich für die Gestaltung der Therapiebeziehung genutzt werden: Die *Motivorientierte* (s. Kap. 4 und 13) und die *dialektische Beziehungsgestaltung* (Linehan 1993). Im Sinne der Motivorientierten Beziehungsgestaltung sollten bei Anorexie die typischerweise stark ausgeprägten

Autonomie- und Kontrollbedürfnisse berücksichtigt werden. Dies kann konkret dahin gehend umgesetzt werden, dass den Betroffenen möglichst viel Freiraum im Therapieprozess ermöglicht und Entscheidungsfreiheit überlassen wird. Dies sollte natürlich stets unter dem Vorbehalt, dass dies die Betroffenen nicht dysfunktional im Sinne der Störung nutzen, eingesetzt werden.

Die *dialektische Beziehungsgestaltung*, welche ihren Ursprung in der Behandlung der Borderline Persönlichkeitsstörung hat, wurde modifiziert und angepasst in dialektisch-behaviorale Therapie für Essstörungen (DBT-E vgl. Sipos et al. 2011). In diesem Ansatz soll besonders durch die Beziehungsgestaltung, welche zum einen empathisch validierend und zum anderen eine änderungsorientierte Komponente gleichzeitig beinhaltet *(dialektisches Prinzip)*, ein besserer Umgang mit der Ambivalenz gewährleistet werden und dazu beitragen, dass sich die Betroffenen besser verstanden fühlen. Darüber hinaus werden in der DBT-E Fertigkeiten hinsichtlich des Selbstmanagement des Essverhaltens, der Emotionsregulation und Stresstoleranz vermittelt, wobei erste Wirksamkeitsnachweise in Pilotprojekten erbracht wurden (Sipos et al. 2011).

8.6 Gesichtspunkte der aktuellen Forschung

Die Therapie der Essstörungen, hier vor allem diejenige der Anorexia nervosa, gilt unter anderem infolge der stark ausgeprägten Autonomie- und Kontrollbedürfnisse und der Vermeidungstendenz als schwierig. Im Rahmen der kognitiv-behavioralen Therapie für Essstörungen werden Remissionsraten um 45 % berichtet (Sipos et al. 2011). Viele Forscher und Forscherinnen sind infolgedessen bemüht, ein verbessertes Therapieangebot zu entwickeln, um die Erfolgsrate zu erhöhen. Die aktuellen Bemühungen in der Forschung gehen dahin, dass im Rahmen von größeren randomisierten, kontrollierten Studien unterschiedliche Therapiekonzepte miteinander verglichen werden. Im Zuge dieser Entwicklung werden, wie bereits oben erwähnt neuere, beziehungsweise adaptierte Therapiekonzepte wie die DBT-E oder die fokale psychodynamische Therapie untersucht. Letztere berücksichtigt besondere Aspekte der Beziehungsgestaltung und Emotionsregulation in der ambulanten Behandlung der Anorexie im Erwachsenenalter, da zu dieser Altersgruppe noch keine groß angelegten Wirksamkeitsstudien bestehen. Ihre Wirksamkeit wurde in einer aktuellen multizentrischen Studie belegt (Zipfel et al. 2014). Zukünftig werden vermehrt die genauen Veränderungsmechanismen erforscht.

8.7 Verständnisfragen

Fragen
1. Was sind die zentralen klinischen Merkmale der Anorexia nervosa?
2. Was ist das Hauptmerkmal der Binge-Eating-Störung?
3. Welche somatischen Folgeprobleme können bei Essstörungen auftreten?
4. Was sollte bei der motivorientierten Beziehungsgestaltung bei Patienten und Patientinnen mit Anorexia nervosa besonders beachtet werden? Nenne ein konkretes Beispiel.

Literatur

Zitierte Literatur

American Psychiatric Association. (2002). *Diagnostic and statistical manual of mental disorders – DSM-IV-TR* (4. Aufl.). Washington, DC: American Psychiatric Association.

American Psychiatric Association. (2013). *Diagnostic and statistical manual of mental disorders DSM-5* (5. Aufl.). Washington, DC: American Psychiatric Association.

Fairburn, C. G., & Harrison, P. J. (2003). Eating disorders. *The Lancet, 361*, 407–416. doi:10.1016/S0140-6736(03)12378-1.

Herpertz-Dahlmann, B., Hagenah, U., Vloet, T., & Holtkamp, K. (2005). Essstörungen in der Adoleszenz. *Praxis Kinderpsychologie und Kinderpsychiatrie, 54*, 248–267. http://psydok.sulb.uni-saarland.de/volltexte/2013/4559/.

Hoek, H. W., & van Hoeken, D. (2003). Review of the prevalence and incidence of eating disorders. *International Journal of Eating Disorders, 34*, 383–396. doi:10.1002/eat.10222.

Hudson, J. I., Hiripi, E., Pope, H. G., & Kessler, R. C. (2007). The prevalence and correlates of eating disorders in the national comorbidity survey replication. *Biological Psychiatry, 61*, 348–358. doi:10.1016/j.biopsych.2006.03.040.

Jäger, B., & Herpertz, S. (2013). S3-Leitlinie Diagnostik und Therapie der Essstörungen. *Psychotherapie im Dialog, 4*, 16–21. doi:10.1055/s-0033-1363005.

Keller, V. (2013). Essstörungen. *Psychotherapie im Dialog, 4*, 14–15. doi:10.1055/s-0033-1363004.

Legenbauer, T., & Vocks, S. (2011). *Manual der kognitiven Verhaltenstherapie bei Anorexie und Bulimie*. Heidelberg: Springer.

Linehan, M. M. (1993). *Cognitive-behavioral treatment of borderline personality disorder*. New York: Guilford Press.

Munsch, S. (2011). *Das Leben verschlingen? Hilfe für Betroffene mit Binge-Eating-Störung* (2. Aufl.). Weinheim: Beltz.

Sipos, V., Bohus, M., & Schweiger, U. (2011). Dialektisch-behaviorale Therapie für Essstörungen. *Psychotherapie, Psychosomatik, Medizinische Psychologie, 61*, 87–91. doi:10.1055/s-0030-1265972.

World Health Organization (WHO). (2011). *Internationale Klassifikation psychischer Störungen. ICD-10 Kapitel V (F) Klinisch-diagnostische Leitlinien* (Hrsg.: H. Dilling, W. Mombour, & M. H. Schmidt, 8. Aufl.). Bern: Huber.

Zipfel, S., Wild, B., Gross, G., Friederich, H-C., Teufel, M., Schellberg, D., Herzog, W. (2014). Focal psychodynamic therapy, cognitive behaviour therapy, and optimised treatment as usual in outpatients with anorexia nervosa (ANTOP study): Randomised controlled trail. *The Lancet, 383,* 127–137. doi:10.1016/S0140-6736(13)61746-8.

Lesetipps

Bruch, H. (2010). *Der goldene Käfig: Das Rätsel der Magersucht.* Frankfurt a. M.: Fischer Taschenbuch.

Hilbert, A., & Tuschen-Caffier, B. (2010). *Essanfälle und Adipositas: Ein Manual zur kognitiven-behavioralen Therapie der Binge-Eating-Störung.* Göttingen: Hogrefe.

Salbach-Andrae, H., Jacobi, C., & Jaite, C. (2010). *Anorexia und Bulimia nervosa im Jugendalter: Kognitiv-verhaltenstherapeutisches Behandlungsmanual.* Weinheim: Beltz.

Psychische Störungen durch psychotrope Substanzen und abhängige Verhaltensweisen

9.1 Einleitung

Zur Kategorie der substanzbezogenen Störungen gehört ein Spektrum an Störungen, welche durch den exzessiven Konsum von psychotropen Substanzen gekennzeichnet sind. *Psychotrope Substanzen* können Medikamente sowie illegale oder legale Drogen sein, welche die Wahrnehmung, das Denken, Fühlen und Handeln beeinflussen. Hinsichtlich jeder Substanz kann bestimmt werden, ob eine *Substanzkonsumstörung* (Störung durch z. B. Alkoholkonsum) oder eine *substanzinduzierte Störung* wie akut vorliegende Intoxikation oder Entzug vorliegt.

Im neuen DSM-5 werden folgende zehn Substanzklassen unterschieden:

1. Alkohol
2. Koffein
3. Cannabis
4. Halluzinogene (Bewirken eine Veränderung in der Wahrnehmung)
5. Inhalanzien (z. B. Haarspray oder Lösungsmittel wie Reinigungsmittel; flüchtige Stoffe, welche inhaliert werden)
6. Opioide (Substanzen mit schmerzlindernder, beruhigender Wirkung)
7. Stimulanzien (z. B. stimulierende Substanzen wie Amphetamine oder Kokain)
8. Tabak
9. Sedativa (Substanzen mit beruhigender Wirkung), Hypnotika (Schlafmittel) und Anxiolytika (Substanzen mit angstlösender Wirkung)
10. andere/unbekannte Substanzen

In der ICD-10 werden bei vergleichbaren Substanzklassen folgende diagnostische Kategorien unterschieden: akute Intoxikation (F1x.0 akuter Rausch), schädlicher Gebrauch (F1x.1), Substanzabhängigkeit (F1x.2 Abhängigkeitssyndrom), Entzugssyndrom (F1x.3; mit Delir F1x.4), psychotische Störung (F1x.5), amnestisches Syndrom (F1x.6), Restzustand und verzögerte auftretende psychotische Störung (F1x.7) und sonstige psychische und Verhaltensstörungen (F1x.8).

Das DSM-5 gibt die kategoriale Unterscheidung zwischen Missbrauch und Abhängigkeit auf und beschreibt Substanzgebrauchsstörungen auf einem Kontinuum von leicht bis schwer (in Abhängigkeit von der Anzahl erfüllter Kriterien). Im DSM-5 wird neu das Glücksspiel als abhängige Verhaltensweise aufgenommen. Es ist noch nicht sicher, ob das ICD-11 die gleichen Änderungen wie das DSM-5 vornimmt.

Die Wirkung der Substanz und die Schädigung durch diese sind von der Art der Substanz und der Konsumweise abhängig. Alkohol zählt zu den schädlichsten Substanzen (psychisch, physische und soziale Folgen für einen selber und andere), gefolgt von Heroin und Crack (Nutt et al. 2010). Alkohol und Tabak sind die am häufigsten konsumierten Substanzen. Neben Cannabis (4.5 %) stellen Kokain (0.8 %) und Amphetamine (0.7 %) die am häufigsten konsumierten Drogen dar. Generell konsumieren Männer deutlich mehr als Frauen (Ausnahme: Medikamente) und junge Erwachsene (beiderlei Geschlechts) im Alter zwischen 18 und 29 Jahren mehr als andere Altersgruppen (nach DSM-IV; Pabst et al. 2013). Die Entstehung einer substanzbezogenen Störung wird anhand einer komplexen Interaktion von multiplen biopsychosozialen Faktoren im Sinne des Vulnerabilitäts-Stress-Modells erklärt. Dabei werden verschiedene Konzepte hinsichtlich der Entstehung und Aufrechterhaltung postuliert, welche sich teilweise überlappen.

9.2 Diagnostik

Die Diagnostik kann anhand von standardisierten beziehungsweise strukturierten Interviews („Composite International Diagnostic Interview" [CIDI]/„Strukturiertes Klinisches Interview für DSM" [SKID], wobei im DSM-IV Missbrauch und Abhängigkeit diagnostiziert werden konnten) erfolgen und durch substanzspezifische Selbstbeurteilungs- sowie Fremdbeurteilungsfragebogen ergänzt werden (Stieglitz und Freyberger 2001). Bei der Diagnosestellung sind der Zeitpunkt und das Störungsbild als solches zu berücksichtigen. Erfolgt die Diagnosestellung

9.2 Diagnostik

während des Entzugs (z. B. kurz nach der Aufnahme auf einer Suchtstation), ist es äußerst schwierig, zwischen Entzugssymptomen und Angst- oder affektiven Störungen zu differenzieren und es ist deshalb schwierig, eine reliable Diagnose zu stellen. Außerdem können Urteilsfehler (z. B. Antworten im Sinne der sozialen Erwünschtheit), das Bagatellisieren des Konsums und geringe Motivation der Betroffenen die Diagnosestellung erschweren (Stieglitz und Freyberger 2001). Diese Einschränkungen können jedoch auch bei Interviewverfahren auftreten. Es wird empfohlen, einen möglichst wertungsfreien Gesprächsrahmen zu schaffen, der es den Betroffenen erleichtert, auch kritische Aspekte ihres Konsumverhaltens zu berichten. Zum anderen ist auch die Nutzung anderer Informationsquellen unabdingbar, um auch verschiedene Konsumformen und komorbide Störungen valide abzubilden. Andere Informationsquellen können neben der Fremdanamnese folgende sein: Körperliche Merkmale (z. B. Einstichstellen), Verhaltensweisen (z. B. Lallen oder ein schwankender Gang), Labortests sowie Bussen oder Akteneinträge. Für die Therapieplanung sind – neben der Diagnose – die individuelle Motivation und die Ziele des Betroffenen, das Konsumverhalten, wie die konsumfreie Zeit verbracht wird, die aktuelle Lebenssituation, mögliche Auslöser für Rückfälle und bisherige Therapieversuche relevant und sollten während der Anamnese exploriert werden (Bühringer und Behrendt 2011). Im Folgenden wird auf die Störungen durch Substanzkonsum und substanzinduzierte Störungen eingegangen.

9.2.1 Störungen durch Substanzkonsum

Die Substanzabhängigkeit und der schädliche Gebrauch gehören zu den Störungen, welche durch den Substanzkonsum entstehen, und werden spezifisch für eine Substanzklasse gestellt (z. B. schädlicher Alkoholgebrauch und Kokainabhängigkeit). Liegt eine tatsächliche Schädigung der psychischen oder physischen Gesundheit als Konsequenz des Konsums (mind. 12 Monate) vor, wird die Diagnose *schädlicher Gebrauch* (F1x.1; vergleichbar mit Substanzmissbrauch im DSM-IV) vergeben. In der ICD-10 wird neben dem schädlichen Gebrauch folgendes Abhängigkeitssyndrom definiert (für die Diagnose müssen mind. 3–4 Kriterien während mind. 12 Monaten erfüllt sein; Text gekürzt):

F1x.2	1. Ein starker Wunsch oder eine Art Zwang, psychotrope Substanzen zu konsumieren
	2. Verminderte Kontrollfähigkeit bezüglich des Beginns, der Beendigung und der Menge des Konsums
	3. Ein körperliches Entzugssyndrom (Entzugssyndrom mit oder ohne Delir) bei Beendigung oder Reduktion des Konsums, nachgewiesen durch die substanzspezifischen Entzugssymptome oder durch den Konsum der gleichen oder einer nahe verwandten Substanz, um Entzugssymptome zu mildern oder zu vermeiden
	4. Nachweis einer Toleranzentwicklung. Um die ursprünglich durch niedrigere Dosen erreichten Wirkungen der psychotropen Substanz hervorzurufen, sind zunehmend höhere Dosen erforderlich
	5. Fortschreitende Vernachlässigung anderer Vergnügen oder Interessen zugunsten des Substanzkonsums, erhöhter Zeitaufwand, um die Substanz zu beschaffen, zu konsumieren oder sich von den Folgen zu erholen
	6. Anhaltender Substanzkonsum trotz Nachweises eindeutiger schädlicher Folgen, wie z. B. Leberschädigung durch exzessives Trinken, depressive Verstimmungen infolge starken Substanzkonsums oder drogenbedingte Verschlechterung kognitiver Funktionen. Es sollte dabei festgestellt werden, dass der Konsument sich tatsächlich über Art und Ausmaß der schädlichen Folgen im Klaren war oder dass zumindest davon auszugehen ist

9.2.2 Substanzinduzierte Störungen

Zu den substanzinduzierten Störungen zählen die *Intoxikation*, der *Entzug* und *substanzinduzierte psychische Störungen* (z. B. psychotische oder depressive Störungen, die direkt auf die Wirkung oder Nachwirkung der konsumierten Substanz zurückzuführen sind). Die Kriterien für eine Intoxikation werden im DSM-5 für die einzelnen Substanzen gesondert dargestellt (außer bei Tabak). Im ICD-10 wird unter der Intoxikation ein temporärer Zustand mit Störungen unterschiedlicher psychophysiologischer Funktionen (z. B. Bewusstsein, Kognition, Wahrnehmung, Affekt oder Verhalten), in Abhängigkeit der unmittelbar konsumierten Substanz, verstanden. Der Zustand der Intoxikation entspricht einer schweren Vergiftung, wobei die Vergiftungssymptome mit der Zeit verschwinden, wenn die Substanz nicht mehr konsumiert wird. Das *Entzugssyndrom* (F1x.3) tritt nach dem Absetzen oder einem wesentlich reduzierten Konsum einer Substanz auf, welche zuvor über einen längeren Zeitraum oder hoch dosiert konsumiert wurde. Die auftretenden körperlichen Symptome sind abhängig von der konsumierten Substanz, wobei auch Krampfanfälle oder ein substanzbedingtes *Delirium* (= von somatischen Störungen oder Halluzinationen begleiteter Verwirrtheitszustand; F1x.4) auftreten kann.

Zu den psychischen Störungen, welche als vorübergehende Folge von Substanzkonsum, Entzug oder der Intoxikation auftreten können, gehören psychotische Störungen, das amnestische Syndrom (F1x.6) und substanzinduzierte Angst- und affektive Störungen. Nach ICD-10 sind entsprechende psychotische Störungen (F1x.5) oft durch akustische Halluzinationen, Personenverkennung oder Wahn gekennzeichnet, wobei psychomotorische Störungen und ein abnormer Affekt (z. B. intensive Angst oder Ekstase) zusätzlich innerhalb von 48 h auftreten. Differentialdiagnostisch ist relevant, diese von der Schizophrenie abzugrenzen. Das *amnestische Syndrom* ist durch eine Störung des Kurzzeitgedächtnisses (Unfähigkeit, neue Lerninhalte kurzfristig zu speichern) gekennzeichnet.

9.2.3 Pathologisches Spielen

Das pathologische Spielen ist in der ICD-10 unter den *Störungen der Impulskontrolle* (F63) und im DSM-5 im Kapitel der substanzbezogenen Störungen eingeordnet, da die Symptomatik vergleichbar ist mit jener der Substanzabhängigkeit (z. B. Toleranzentwicklung, Kontrollverlust oder entzugsähnliche Erscheinungen). Das Kernmerkmal der Störung ist ein subjektiv erlebter Kontrollverlust bezüglich des eigenen Spielverhaltens (=psychische Abhängigkeit) und das wiederholte Spielen trotz negativer Konsequenzen (z. B. Schulden, familiäre Probleme; Hayer et al. 2014). Zusätzlich versuchen die Betroffenen immer wieder, den Verlust durch neuen Einsatz zurückzugewinnen und leihen Geld bei Banken oder Bekannten aus oder beschaffen sich dieses unrechtlich (Hayer et al. 2014). Die 12-Monate-Prävalenz für pathologisches Spielen liegt in Deutschland unter einem Prozent (je nach Studie 0.2–0.6). Die Prävalenzraten in Europa liegen zwischen 0.3 und 2.1 % (Meyer und Hayer 2010). Die Entstehung einer Spielsucht ist durch verschiedene Faktoren beeinflusst, z. B. durch die situativen (z. B. hohe Verfügbarkeit, Vermarktung) und strukturellen Merkmale (z. B. rasche Spielabfolge, häufige Beinahe-Gewinne). Besonders Spiele mit schneller Spielabfolge und hoher Verfügbarkeit wie zum Beispiel Geldspielautomaten gehen mit hohem Suchtpotenzial einher. Risikofaktoren auf individueller Ebene sind das männliche Geschlecht, junges Lebensalter, niedriger Bildungsstatus, geringes Einkommen, Migrationshintergrund, Arbeitslosigkeit und Glücksspielprobleme in der Familie (u. a. Hayer et al. 2014). Zusätzlich werden aktuell unterschiedliche Hypothesen hinsichtlich der epidemiologischen Entwicklung des Glücksspiels kontrovers diskutiert. Eine Hypothese ist, dass die immer steigernde Verfügbarkeit von Glücksspielen den Konsum und die Glücksspielsucht erhöht. Daneben wäre vorstellbar, dass sich die Prävalenzraten über die Jahre stabilisieren (Stabilisierungshypothese) oder sogar mit der Zeit rückläufig werden (Sättigungshypothese; vgl. u. a. Hayer et al. 2014).

Die Komorbidität mit einer anderen psychischen Störung ist beim pathologischen Spielen sehr hoch: 96.3 % der Betroffenen weisen mindestens eine weitere psychische Störung auf. Die Regulation und die Prävention des Glücksspiels sind stark von politischen Entscheidungen beeinflusst (für eine ausführlichere Darstellung vgl. Hayer et al. 2014). Hierbei besteht ein Konflikt zwischen einerseits Präventionsmaßnahmen, die u. a. auf eine Reduktion der generellen Verfügbarkeit des Glücksspiels abzielen, und andererseits den Zielen der Glücksspielbranche, welche beispielsweise ein möglichst breites und leicht zugängliches Angebot des Glücksspiels ermöglichen möchte. Die Behandlungsmaßnahmen orientieren sich an den gängigen Standards der Suchtbehandlung (vgl. Abschn. 9.4).

9.3 Epidemiologie und Ätiologie

Basierend auf Befragungen von 18 bis 64 Jährigen in Deutschland (epidemiologische Suchtsurveys, ESA, basierend auf DSM-IV) wurde eine 12-Monate-Prävalenz für Alkoholabhängigkeit von 3.4 % und für Tabakabhängigkeit 10.8 % berichtet (Pabst et al. 2013). Beim Konsum illegaler Drogen nennen 18–20-Jährige am häufigsten Cannabis (16.2 %), 25–29-Jährige am häufigsten Amphetamine (2.4 %), Ecstasy (1.7 %) und LSD (1.3 %). Die Prävalenzen für Missbrauch und Abhängigkeit von illegalen Drogen lagen über alle Altersgruppen hinweg häufig unter einem Prozent bis maximal 2.3 % (für Cannabismissbrauch bei den 21–24-Jährigen; Pabst et al. 2013). Bei den Medikamenten wurden Schmerzmittel am häufigsten konsumiert (61.9 %) und missbräuchlich am häufigsten von den 30–39-Jährigen gebraucht. Die Prävalenzraten der Frauen lagen – außer bei Schmerzmitteln – unterhalb jener der Männer (vgl. Pabst et al. 2013). Schlafmittel und Beruhigungsmittel wurde von beiden Geschlechtern zu gleichen Anteilen missbräuchlich konsumiert (Pabst et al. 2013).

Der Substanzkonsum kann neben akuten (z. B. Alkoholdelir) und langfristigen Konsequenzen (z. B. psychosoziale Folgen) ebenso Folgeerkrankungen (z. B. bei Alkohol: Herzerkrankungen, Lebererkrankungen oder Bluthochdruck) nach sich ziehen (Küfner 2010). Der Verlauf von Substanzmissbrauch und -abhängigkeit ist nicht generell zeitstabil und die Verläufe sollten substanzspezifisch betrachtet werden (Bühringer und Behrendt 2011).

Verschiedene ätiologische Modelle wurden für die spezifischen Substanzklassen konzipiert, wobei an dieser Stelle nicht einzeln auf die unterschiedlichen Substanzklassen und deren neurophysiologische Wirkung und Modelle eingegangen werden kann. Es werden hier übergeordnete und derzeit aktuelle Erklärungsmodelle für die Entstehung der Substanzstörungen vorgestellt. Das *biopsychosoziale*

9.3 Epidemiologie und Ätiologie

Modell der Substanzstörung hat sich als übergeordnetes Entstehungs- und Aufrechterhaltungsmodell durchgesetzt. Basierend auf diesem Modell werden durch den Substanzkonsum *drei Teufelskreise* aktiviert, die je nach Wirkung der Substanz (enthemmend, stimulierend, dämpfend oder beruhigend) unterschiedlich ausfallen. Die Teufelskreise im Modell beschreiben, 1) wie der Anreiz zu weiterem Konsum erhöht wird, 2) wie die Automatisierung den Konsums beeinflusst und 3) wie der Konsum wiederum verstärkend auf die Teufelskreise wirkt. Bei den im Folgenden beschriebenen drei Teufelskreisen können innerhalb jedes Teufelskreises spezifischere Modelle oder Theorien zum Tragen kommen.

- *Intrapsychischer* Teufelskreis, z. B. beeinträchtigende Selbstwahrnehmung, Copingdefizite,
- *Neurobiologischer* Teufelskreis, z. B. Toleranzentwicklung, Suchtgedächtnis (situationsspezifische emotionale Gedächtniseffekte & implizite Informationsverarbeitung = Auslösesituationen), zunehmende Sensitivierung (vgl. „Incentive Sensation Theorie of Addiction" von Robinson und Berridge 1993), Wirkung auf das dopaminerge Motivationssystem,
- *Psychosozialer* Teufelskreis, z. B. soziale Folgeschäden, Konsumkultur (z. B. Wetttrinken, vgl. Lindenmeyer 2011).

Außerdem wurden unterschiedliche Risikofaktoren untersucht und belegt, wie zum Beispiel genetische Faktoren, Persönlichkeitsfaktoren, sozioökonomische Faktoren und Komorbidität (Bühringer und Behrendt 2011). Vor dem Hintergrund der hohen Komorbidität mit anderen psychischen Störungen wurde die *Selbstmedikationshypothese* formuliert. Danach stellt die Substanzstörung einen Versuch dar, die Symptome anderer psychischer Störungen zu regulieren. Ob das im Einzelfall plausibel ist, hängt u. a. vom zeitlichen Verlauf (welche Störung war zu erst) ab (Bühringer und Behrendt 2011).

Bei genauerer individueller Analyse der Zusammenhänge erscheint Substanzgebrauch (Wilhelm Busch: „Es ist ein Brauch von alters her, wer Sorgen hat, hat auch Likör") und in der Folge auch Substanzmissbrauch und -abhängigkeit oft als zunächst entlastender, dann aber maladaptiver Versuch, unangenehme Emotionen zu regulieren oder zu vermeiden. Es muss also nicht eine ausgewachsene Störung vorgelegen haben, die dann selbst mediziert wird. Aus Sicht konnektionistischer Modelle (s. Kap. 4) reduziert der Substanzgebrauch Spannung im Funktionieren des betroffenen Menschen. Das lässt sich in einer Spannungslandschaft-Metapher nachvollziehen: Ein Patient mag durchaus unter seiner Abhängigkeit leiden, die spannungsreduzierende Wirkung der Substanz bringt ihn aber in ein „lokales Minimum", das zu verlassen erst einmal die Spannung erhöhen würde und deshalb so schwer ist. Dies einschließlich der Vorteile des Substanzgebrauches anzuerkennen, gehört zu jeder guten Therapie und wird beim Motivational Interviewing, aber auch bei plananalytischen Fallkonzeptionen hervorgehoben.

9.4 Behandlung

Die Behandlungsleitlinien wurden substanzspezifisch entwickelt und für die alkoholbezogenen Störungen sowie den Tabakgebrauch Ende Juli 2014 veröffentlicht (vgl. u. a. Homepage der DGPPN „Deutsche Gesellschaft für Psychiatrie und Psychotherapie, Psychosomatik und Nervenheilkunde"). Für alle anderen Substanzklassen sind die S3-Leitlinien noch ausstehend.

Das übergeordnete Ziel der Behandlung ist die Abstinenz. Basierend darauf, dass die absolute Abstinenz selten erreicht wurde, wurden unter dem Paradigma der Zieloffenen Suchtarbeit neue, „erreichbarere" Teilziele wie der *kontrollierte Konsum* und die *Substitution* konzipiert. Unter dem kontrollierten Konsum (ursprünglich für Alkoholabhängige konzipiert) wird ein risikoarmer, im Zusammenhang mit der Menge, Häufigkeit und sozialen Angemessenheit, Konsum verstanden, der sich aber von sogenanntem „normalem" Konsum durch eine Ausrichtung an expliziten Zielen unterscheidet. Dafür, dass nicht völlige Abstinenz nötig sei, wir auch ins Feld geführt, dass Schäden durch Alkoholkonsum (im Gegensatz etwa zum Tabakkonsum) in Abhängigkeit von der Menge variieren. Daraus wird abgeleitet, dass auch schon eine deutliche Reduktion der Menge ein lohnendes Therapieziel sei.

Unter der Substitution wird verstanden, dass die Substanz durch einen anderen, weniger schädlichen Wirkstoff (im Sinne von weniger Nebenwirkungen) ersetzt wird. Substitution kommt vor allem in der Behandlung der Heroin- und der Tabakabhängigkeit zum Einsatz (Bühringer und Behrendt 2011).

Die Therapie der Substanzstörungen kann in Abhängigkeit vom Konsum eingeteilt werden in *Entzugsbehandlung, Entwöhnungsbehandlung* und die *Nachsorge*. Die Entzugsbehandlung wird in der Regel stationär durchgeführt, damit die körperlichen Entzugserscheinungen, die Folge- und Begleiterkrankungen adäquat behandelt werden können (Bühringer und Behrendt 2011).

Substanzübergreifende Therapieelemente, die während der Entwöhnungsbehandlung und der Nachsorge eingesetzt werden, stammen vor allem aus der Verhaltenstherapie und der motivierenden Gesprächsführung (Motivational Interviewing, vgl. Abschn. 9.5), und beinhalten kognitive Techniken zur selbstständigen Kontrolle in Risikosituationen und übende Verfahren wie die sogenannte *cue-exposure* (=Konfrontation mit den Hinweisreizen wie Bierflasche ähnlich der klassischen Konfrontation [vgl. Kapitel zu den Angststörungen]; also am Bier riechen z. B. und es nicht trinken). Unter der cue-exposure wird das substanzspezifische Verlangen (engl. Craving) geschwächt und die Kontrolle bei der Konfrontation mit Alkohol oder einem anderen Substanzangebot geübt (Rohsenow 2013).

Der Umgang mit einem *Rückfall* sollte ein fester Bestandteil jeder Therapie sein, da dieser eher die Regel ist als die Ausnahme. Zwischen 50 und 70 % der Betroffenen werden in den ersten beiden Jahren nach der Behandlung rückfällig (Bühringer und Behrendt 2011). Eine Grundlage der Rückfallprävention kann das *sozialkognitive Modell* von Marlatt und Gordon darstellen (1985). In diesem Modell geht einer Rückfallrisikosituation meist eine vermeintlich harmlose/ ungefährliche Entscheidung voraus (z. B. Alkohol für Gäste zu Hause aufzubewahren). Diese Entscheidung kann dann in Risikosituationen (z. B. mit negative Gefühlen, Konflikten oder sozialer Verführungen) Voraussetzungen für einen Rückfall schaffen. In derartigen Risikosituationen kommt es abhängig von den Bewältigungsfähigkeiten und der Abstinenzzuversicht (z. B. ich bin zuversichtlich, dass ich abstinent bleiben kann auch nach der Scheidung) zu einem Rückfall oder nicht. Der Rückfall hat nach Marlatt und Gordan (1985) zwei Phasen (lapse und relapse). Demzufolge erfolgt nach dem einmaligen Konsum („lapse") ein Rückfall in die alten Konsumgewohnheiten („relapse") nur dann, wenn die Abstinenzzuversicht sinkt und ein sogenannter Rückfallschock eintritt, der durch bestimmte emotionale und kognitive Bestandteile (z. B. Angst, Gedanke „Ich bin ein Taugenichts") gekennzeichnet ist.

Neben dem Rückfall kommt der Substanzprävention eine tragende Rolle zu. In der Prävention werden Strategien wie die Informationsvermittlung oder Abschreckung (z. B. Zigarettenpackung) eingesetzt, wobei keine der Maßnahmen eindeutige überlegen ist (Bühringer und Behrendt 2011).

Ohne Berücksichtigung der instrumentellen Funktion, die der Substanzgebrauch für das Individuum hat, und ohne dass dafür wenn nötig alternative, adaptivere Strategien entwickelt werden, kann kein dauerhafter Therapieerfolg erwartet werden.

9.5 Gestaltung der Therapiebeziehung

Die bereits erwähnte ambivalente Motivation der Betroffenen, die hohe Komorbidität und die Funktion des Konsums (vgl. Abschn. 9.3 Selbstmedikationshypothese) erschweren nicht nur die Diagnosestellung, sondern stellen auch in der Therapie und im Aufbau einer tragfähigen Therapiebeziehung eine Herausforderung dar. Deshalb kommt der therapeutischen Motivationsförderung eine zentrale Rolle zu;

wenn der Therapeut einseitig die Abstinenz vertritt, kann das zu einer massiven Belastung der Therapiebeziehung führen oder verunmöglichen, dass überhaupt eine tragfähige Beziehung entsteht. Im Gegensatz zu traditionellen Behandlungsmodellen wird die Motivation nicht als eine Voraussetzung für die Therapie, sondern als ein Teil der therapeutischen Arbeit angesehen. Sie wird von Vertretern des „*Motivational Interviewing*" als ein interaktioneller Prozess und nicht als quantifizierbarer Status definiert (Miller und Rollnick 2005). Das „*Motivational Interviewing*" (MI) stellt eine direktive und klientenzentrierte Methode der Gesprächsführung und Therapie dar. Es zielt erstens darauf ab, Ambivalenzen hinsichtlich der Veränderung (Konsum einstellen/reduzieren oder nicht) zu klären und zu überwinden und zweitens konkrete Veränderungsziele und -wege zu erarbeiten (für einen genaueren Überblick siehe Miller und Rollnick 2005). Das MI umfasst folgende vier *Behandlungsprinzipien:* Empathie, Entwicklung von Diskrepanzen, geschmeidiger Umgang mit Widerstand und Stärkung der Änderungszuversicht. Die Behandlungsprinzipien werden mit den folgenden *Methoden* umgesetzt: offene Fragen, aktives Zuhören, Würdigung, Förderung von „*change talk*" (=Erhöhung der Rate der Äußerungen über die Vorteile einer Verhaltensänderung), Umgang mit Widerstand, Förderung von „*confidence talk*" (=Erhöhung der Rate der optimistischen Äußerungen hinsichtlich der Verhaltensänderung) und Zusammenfassung. Das übergeordnete Ziel des MI ist es, durch den *change* beziehungsweise den *confidence talk* die Wahrscheinlichkeit der tatsächlichen Verhaltensbemühung und -änderung zu steigern (Lindenmeyer 2011). Die Prinzipien, die im MI stecken, können selbstverständlich auch außerhalb dieses Ansatzes im engeren Sinn umgesetzt werden.

9.6 Gesichtspunkte der aktuellen Forschung

Neben der Glücksspielsucht werden andere exzessive Verhaltensweisen (z. B. Internet- und Computerspielsucht, exzessives Sexualverhalten oder pathologisches Kaufen) diskutiert, welche weniger eindeutig klassifizierbar sind. Beispielsweise werden unter der *Internet- und Computersucht* drei Subtypen unterschieden: exzessives Videospielen, Cybersex und soziale Netzwerke (E-Mail, Chatten, Facebook, Instagram). Diese Subtypen sind jedoch nicht klar von einander abgrenzbar (z. B. pornografische Videospiele) und es bestehen noch keine offiziell anerkannten Diagnosekriterien, daher ist die Diagnose problematisch. Nicht nur bei der Internet- und Computersucht braucht es noch weitere Forschung. Der Begriff „Sucht" wird teils inflationär gebraucht, wie die Beispiele „Arbeitssucht" oder „Marathonsucht" zeigen, und es bedarf klarer inhaltlicher Abgrenzung zu psychopathologisch relevanten Syndromen (für einen Zusammenfassung der Verhaltenssüchte vgl. Mann 2014).

Aufbauend auf neurowissenschaftlichen Forschungsbefunden, die auf eine starke subkortikale Beteiligung im Rückfallgeschehen und eine verminderte kognitive Kontrolle hinweisen, wurden in letzter Zeit implizite Trainingsverfahren entwickelt, die zum Ziel haben, solche dysfunktionale Prozesse bei Suchtpatienten positiv zu beeinflussen (Lindenmeyer 2011). Diese Trainingsverfahren beziehen sich zum einen auf automatische Prozesse (z. B. vermehrte Aufmerksamkeitslenkung auf Suchtreize oder Annäherungstendenz hinzu Suchtreizen), zum anderen auf die Stärkung der Kontrollfähigkeiten (z. B. Fähigkeit bestimmte Reaktionen zu stoppen oder zu unterbrechen). Erste Ergebnisse zeigen positive Resultate, die zugrunde liegenden Wirkmechanismen sowie die Stabilität und Generealisierbarkeit der Effekte wird momentan noch erforscht (z. B. Gladwin et al. 2015).

9.7 Verständnisfragen

Fragen
1. Wie wird die Entstehung der Störungen durch psychotrope Substanzen erklärt?
2. Was besagt die Selbstmedikationshypothese?
3. Welche Behandlungsform wird unter Substitution verstanden?
4. Was sind die Ziele des „Motivational Interviewing"?

Literatur

Zitierte Literatur

Bühringer, G., & Behrendt, S. (2011). Störungen durch Substanzkonsum: Eine Einführung. In H.-U. Wittchen & J. Hoyer (Hrsg.), *Klinische Psychologie & Psychotherapie* (S. 697–714). Heidelberg: Springer.
Gladwin, T. E., Rinck, M., Eberl, C., Becker, E. S., Lindenmeyer, J., & Wiers, R. W. (2015). Mediation of cognitive bias modification for alcohol addiction via stimulus-specific alcohol avoidance association. *Alcoholism, Clinical and Experimental Research, 39*, 101–107. doi:10.1111/acer.12602.
Hayer, T., Rumpf, H. J., & Meyer, G. (2014). Glücksspielsucht. In K. Mann (Hrsg.), *Verhaltenssüchte* (S. 11–31). Heidelberg: Springer.
Küfner, H. (2010). Epidemiologie des Substanzkonsums und der Suchterkrankungen in Deutschland. *Bundesgesundheitsblatt, 53*, 271–283.
Lindenmeyer, J. (2011). Alkoholmissbrauch und -abhängigkeit. In H.-U. Wittchen & J. Hoyer (Hrsg.), *Klinische Psychologie & Psychotherapie* (S. 743–766). Heidelberg: Springer.

Marlatt, G. A., & Gordon, J. R. (1985). *Relapse prevention. Maintenance strategies in the treatment of addictive behavior.* New York: Guilford.
Meyer, G., & Hayer, T. (2010). Problematisches und pathologisches Spielverhalten bei Glücksspielen. *Bundesgesundheitsblatt, 53,* 295–305. doi:10.1007/s00103-010-1039-6.
Miller, W. R., & Rollnick, S. (2005). *Motivierende Gesprächsführung. Ein Konzept zur Beratung von Menschen mit Suchtproblemen.* Freiburg: Lambertus.
Nutt, D. J., King, L. A., & Phillips, L. D. (2010). Drug harm in the UK: A multicriteria decision analysis. *The Lancet, 376,* 1558–1565. doi:10.1016/S0140-6736(10)61462-6.
Pabst, A., Kraus, L., Matos, E. G. de., & Piontek, D. (2013). Substanzkonsum und substanzbezogene Störungen in Deutschland im Jahr 2012. *Sucht, 59,* 321–331. doi:10.1024/0939-5911.a000275.
Robinson, T. E., & Berridge, K. C. (1993). The neural basis of drug craving: An incentive-sensitization theory of addiction. *Brain Research Reviews, 18,* 247–291.
Rohsenow, D. J. (2013). Cue exposure treatments for substance use disorders. In P. M. Miller (Hrsg.), *Encyclopedia of addictive behaviors.* New York: Academic Press.
Stieglitz, R.-D., & Freyberger, H. J. (2001). Diagnostische Instrumente zur Erfassung von Störungen durch psychotrope Substanzen. *Suchttherapie, 2,* 9–13.

Lesetipps

Lindenmeyer, J. (2011). Alkoholmissbrauch und –abhängigkeit. In H-U. Wittchen & J. Hoyer (Hrsg.), *Klinische Psychologie & Psychotherapie* (S. 743–766). Heidelberg: Springer.
Mann, K. (2014). *Verhaltenssüchte.* Heidelberg: Springer.
Moggi, F., & Donati, R. (2003). *Psychische Störungen und Sucht: Doppeldiagnosen.* Göttingen: Hogrefe.

Somatoforme Störungen

10

10.1 Einleitung

Dauerhafte körperliche Beschwerden (in unterschiedlichen Körperregionen) oder eine gestörte Organfunktion sind das Leitsymptom der somatoformen Störungen. Betroffene erleben wiederkehrende, subjektiv beeinträchtigende Körperbeschwerden oder sind der Überzeugung, an einer Krankheit zu leiden, welche noch unentdeckt ist (Krankheitsängste = Hypochondrie). Die körperlichen Symptome sind nach angemessener medizinischer Abklärung nicht durch eine somatische Erkrankung ausreichend erklärbar (Lahmann et al. 2010). Durch die nicht hinreichende somatische Erklärung fühlen sich die Betroffenen unverstanden und suchen in der Folge weitere Spezialisten auf, was zu erheblichen Kosten im Gesundheitssystem führt und im Fachjargon *Doktorshopping* genannt wird.

Der Begriff *„Somatisierung"* stammt ursprünglich aus der psychodynamischen Tradition und wurde – so wie auch der weit gefasste Begriff „Psychosomatik" (=Lehre der Krankheiten, welche sich körperlich äußern, aber teils oder ganz psychisch verursacht sind) – stark kritisiert, da er psychodynamische Annahmen zur Ätiologie beinhaltet. Dies ist mit der ätiologiefreien Konzeptualisierung und Definition von psychischen Störungen in der ICD-10/DSM-IV nicht vereinbar. Obwohl in der Psychopathologie der traditionelle Begriff „psychosomatisch" durch „somatoform" abgelöst wurde, wird er noch häufig weiterhin im klinischen Alltag und in der Bezeichnung von Kliniken verwendet.

In der ICD-10 werden die *Somatisierungsstörung,* die *undifferenzierte Somatisierungsstörung,* die *somatoforme autonome Funktionsstörung,* die *Schmerzstörung* und die *hypochondrische Störung* unterschieden. Die Diagnose Somatisierungsstörung wird vergeben, wenn über mindestens zwei Jahre unterschiedliche körperliche Symptome (mind. sechs in der ICD-10) präsentiert werden, für die keine somatische Erkrankung vorliegt, welche die Symptome ausreichend erklären könnte. Die somatoforme autonome Funktionsstörung ist gekennzeichnet durch vegetative (z. B. Herzklopfen, Schwitzen) und zusätzlich subjektive Symptome bezogen auf ein bestimmtes Organ oder Organsystem, welche die Betroffenen auf eine körperliche Krankheit zurückführen (Kleinstäuber et al. 2012). Die undifferenzierte somatoforme Störung kann als Restkategorie für unterschiedliche Symptome gesehen werden, welche weder als Somatisierungsstörung noch als somatoforme autonome Funktionsstörung (s. unten) klassifiziert werden können (Kleinstäuber et al. 2012). Das Kardinalsymptom der Schmerzstörung ist ein mindestens sechs Monate andauernder und quälender Schmerz, welcher nicht durch eine somatische Erkrankung erklärbar ist. Die hypochondrische Störung ist eine Krankheitsangst (DSM-5: „illness anxiety disorder"), wobei die Betroffenen davon überzeugt sind, an einer ernsthaften Krankheit zu leiden und sich auch weigern, die Untersuchungsbefunde oder Aussagen (z. B. keine Hinweise auf Krebs) der Ärzteschaft zu akzeptieren.

Die somatoformen Störungen haben eine Lebenszeitprävalenz von etwa 4–20 %, wobei Frauen häufiger als Männer betroffen sind (1.5–3 zu 1; Schaefert et al. 2012). Über den Krankheitsverlauf der somatoformen Störungen liegen nur wenige verlässliche Studien vor. Der Verlauf ist oft chronisch und geringe Remissionsraten sind eher die Regel (Kleinstäuber et al. 2012). Für die Anfälligkeit, Auslösung und Aufrechterhaltung der Störung sind multiple Faktoren zu berücksichtigen. Die Erklärungsmodelle gehen von einer komplexen Wechselwirkung von psychosozialen, biologischen, iatrogenen (=durch ungünstiges Behandlerverhalten [Arzt/Ärztin] verursacht) und soziokulturellen Faktoren aus, welche zu neurobiologischen Veränderungen führen (Schaefert et al. 2012). Im Folgenden werden die verschiedenen somatoformen Störungen vorgestellt, wobei auf die Diagnostik, Epidemiologie, Ätiologie und Behandlung eingegangen wird.

10.2 Diagnostik

Die Diagnostik der somatoformen Störungen ist schwierig, da unerklärte Körperbeschwerden oft im Zusammenhang mit anderen psychischen Störungen (z. B. physiologische Angstkorrelate wie Herzrasen bei Angststörungen) oder zusätzlich zu somatischen Krankheiten auftreten können und manchmal schwer von diesen abzugrenzen sind (Kleinstäuber et al. 2012). Deshalb ist eine gestufte biopsychosoziale *Simultandiagnostik* (Paralleldiagnostik) sinnvoll, d. h. von Beginn an werden sowohl organische wie auch psychosoziale Faktoren beachtet.

10.2 Diagnostik

Die Simultandiagnostik besteht aus einer somatischen Diagnostik (regelmäßige körperliche Untersuchungen, systematische Stufendiagnostik) und der psychosozialen Basisanamnese, wobei bei Hinweisen auf psychosoziale Belastung eine erweiterte Anamnese der Beschwerden stattfinden sollte (Schaefert et al. 2012). Während der Basisanamnese sollten folgende Aspekte berücksichtig werden: Aktuelle und frühere Beschwerden, Anzahl, Dauer und Intensität der Beschwerden, Inanspruchnahmeverhalten von Leistungen des Gesundheitssystems, Umgang der Betroffenen mit den Beschwerden (inklusive des subjektiven Störungsmodells, dysfunktionaler Annahmen und Verhaltensweisen) und Abklärung von weiteren Beschwerdedimensionen (z. B. Angst, Depression und Traumafolgestörungen, Lahmann et al. 2010).

Bezüglich des Verlaufs wird generell bei einer Dauer von mehr als sechs Monaten von einer chronischen, davor von einer akuten Form gesprochen. Während der Diagnostik kann eine pragmatische Schweregradeinstufung und Charakterisierung schwerer Verläufe mithilfe des *Flaggensystems* (stufenweise Charakterisierung) erfolgen. Das Flaggensystem besteht aus drei Flaggen: Grüne Flagge (mögliche protektive Faktoren), gelbe Flagge (klinische Charakteristika schwererer Verläufe) und rote Flagge (Warnsignale für abwendbar gefährliche Verläufe, Schaefert et al. 2012). Die Charakteristika für schwere Verläufe (z. B. mehrere Beschwerden, Schon- und Vermeidungsverhalten, psychische Komorbidität) sowie die Warnsignale (z. B. schwerste Ausprägung der Beschwerden, Suizidalität, häufige Behandlerwechsel und Therapieabbrüche) sollten regelmäßig eingeschätzt werden. Die protektiven Faktoren (z. B. aktive Bewältigungsstrategien [körperliches Training, Psychotherapie], gesunde Lebensführung, sichere Bindung, gute Arbeitsbedingungen) sollten erfasst und gefördert werden. Nach drei Monaten sollte eine diagnostische Wiedereinschätzung der Schwere des Verlaufs erfolgen, wobei Anpassungen oder Erweiterungen der somatischen und psychosozialen Diagnostik gemacht werden sollten (Schaefert et al. 2012). In der Versorgung sollte ein schweregradgestuftes, kooperatives und koordiniertes Versorgungsmodell angestrebt werden. Dies bedeutet, dass die Behandlungsart sich am Verlauf und am Schweregrad orientiert (z. B. leichtere Verläufe sollen vom Hausarzt betreut werden), eine enge Kooperation zwischen den Behandlern besteht und das kooperative Vorgehen sollte vom Primärbehandler koordiniert werden (Schaefert et al. 2012).

Die Diagnostik sollte nicht mit der Diagnosestellung enden, sondern es soll ein *psychopathologisches Profil* (z. B. affektive, kognitive und Verhaltensaspekte) des Betroffenen erstellt werden. Dieses Profil kann mit Hilfe folgender

Instrumente erstellt werden: Beschwerdelisten, Verfahren zur Erfassung spezieller Störungsbilder (z. B. „Fatigue-Skala") und Symptomtagebücher oder Instrumente, die klinische Merkmale wie dysfunktionale Kognitionen oder Schonverhalten erfassen (Kleinstäuber et al. 2012).

Differentialdiagnostisch sollten die somatoformen Störungen von den organischen Erkrankungen, Angststörungen, affektiven Störungen und psychotischen Störungen abgegrenzt werden. Ebenfalls abzugrenzen sind diese von den *artifiziellen Störungen*. Bei diesem Störungsbild werden Symptome erfunden (Simulation) oder absichtlich erzeugt (vorgetäuscht), um die Krankenrolle einnehmen zu können und dadurch für sich Vorteile zu erreichen. Die chronische Form der vorgetäuschten Störung wird *Münchhausen-Syndrom* bezeichnet (Kleinstäuber et al. 2012). Die somatoformen Störungen (F45) werden nach der ICD-10 in die Kategorie F4 „Neurotische, Belastungs- und somatoforme Störungen" eingeordnet. Im Folgenden werden die diagnostischen Leitlinien dargestellt.

10.2.1 Somatisierungsstörung

Nach ICD-10 sind für die Somatisierungsstörung (F45.0) mehrere, seit mindestens zwei Jahren rezidivierend auftretende und vielfach wechselnde körperliche Symptome (diese können sich auf den ganzen Körper beziehen) charakteristisch. Viele Betroffene sind durch eine lange Leidensgeschichte geprägt, haben eine Vielzahl von Spezialisten und medizinischen Einrichtungen aufgesucht und sich teils erfolglosen Operationen unterzogen. Medikamentenabhängigkeit kann die Folge der vielen medikamentösen Behandlungen sein. Zu den häufigsten Symptomen (Forderungen nach DSM-IV: 4 Schmerzsymptome, 2 gastrointestinale, 1 sexuelles und 1 pseudoneurologisches Symptom) gehören gastrointestinale Beschwerden (z. B. Erbrechen oder Aufstoßen), abnorme Hautempfindungen (pseudoneurologisch z. B. Jucken oder Taubheitsgefühle), sexuelle sowie menstruelle Störungen (z. B. unangenehme Genitalempfindungen). Der Verlauf ist chronisch fluktuierend und oft mit Störungen des sozialen, interpersonalen und familiären Verhaltens gepaart. Die diagnostischen Leitlinien nach ICD-10 sind die folgenden (ergänzt nach Kleinstäuber et al. 2012):

F45.0 1. Mindestens zwei Jahre anhaltende multiple und unterschiedliche körperliche Symptome, für die keine ausreichende somatische Erkrankung gefunden wurde
2. Hartnäckige Weigerung, den Rat oder die Versicherungen mehrerer Ärzte anzunehmen, dass für die Symptome keine körperliche Erklärung zu finden ist
3. Ein gewisser Grand an Beeinträchtigung sozialer und familiärer Funktionen durch die Art der Symptome und das sich daraus ergebende Verhalten
4. Alles in allem werden mind. sechs Symptome auf der folgenden Aufzählung, mit Symptomen aus mindestens zwei Gruppen verlangt (Kleinstäuber et al. 2012, S. 9):
- Gastrointestinale Symptome:
  - Bauchschmerzen oder Übelkeit
  - Schlechter Geschmack im Mund oder extrem belegte Zunge
  - Klagen über Erbrechen oder Regurgitation von Nahrung (=wenn Nahrungsbrei aus dem Magen in die Speiseröhre zurückdrängt)
- Kardiovaskuläre Symptome:
  - Atemlosigkeit ohne Anstrengung
  - Brustschmerzen
- Urogenitale Symptome:
  - Dysurie (=unangenehmen oder erschwerte Blasenentleerung) oder Klagen über Miktionshäufigkeit
  - Unangenehme Empfindungen in oder um den Genitalbereich
- Haut- und Schmerzsymptome:
  - Klagen über Fleckigkeit oder Farbveränderung der Haut
  - Schmerzen in den Gliedern, Extremitäten oder Gelenken
  - Unangenehme Taubheit oder Kribbelgefühle
5. Die Symptome treten nicht ausschließlich während einer anderen Störung auf wie z. B. einer Schizophrenie, einer affektiven Störung oder einer Panikstörung (Ausschlusskriterium)

Falls das Störungsbild der Somatisierungsstörung nicht vollständig erfüllt ist oder sich nicht das typische klinische Bild zeigt (z. B. geringere Anzahl von Beschwerden oder soziale, familiäre Einschränkungen fehlen), sollte die *undifferenzierte Somatisierungsstörung* (F45.1) erwogen werden. Im DSM-5 werden die Somatisierungsstörung und die undifferenzierte Somatisierungsstörung gemeinsam als *„Somatic Symptom Disorder"* zusammengefasst.

10.2.2 Hypochondrische Störung

Das Kernmerkmal der hypochondrischen Störung (F45.2) ist nach ICD-10 eine beständige Beschäftigung mit der Möglichkeit, an einer oder mehreren schweren körperlichen Krankheiten zu leiden oder die ständige Beschäftigung mit der eigenen körperlichen Erscheinung (im Sinne der körperdysmorphen Störung:

Fehlbewertung des Körperäußeren). Im Rahmen der hypochondrischen Störung werden normale Empfindungen als abnorm, belastend und als Symptom einer schweren Erkrankung interpretiert (z. B. Schluckbeschwerden als Symptom von Kehlkopfkrebs) und die Aufmerksamkeit wird auf ein oder zwei Organe/Organsysteme fokussiert (z. B. Schwindel als Symptom eines Gehirntumors). Die Körperwahrnehmungen werden als bedrohlich erlebt und in Folge wird ein Facharzt aufgesucht. Da die Betroffenen nicht dem negativen Befund trauen, suchen diese regelmäßig noch weitere Behandler auf. Die diagnostischen Leitlinien der hypochondrischen Störung sind die folgenden (ICD-10):

F45.2
1. Eine anhaltende Überzeugung vom Vorhandensein wenigstens einer ernsthaften körperlichen Krankheit, als Ursache für das vorhandene Symptom oder die Symptome, auch wenn wiederholt Untersuchungen keine ausreichende körperliche Erkrankung erbracht haben; oder eine hartnäckige Beschäftigung mit einer vermuteten Entstellung (körperdysmorphe Störung auch Dysmorphophobie genannt)
2. Ständige Weigerung, den Rest und die Versicherung mehrerer Ärzte zu akzeptieren, dass den Symptomen keine körperliche Krankheit zugrunde liegt

10.2.3 Somatoforme autonome Funktionsstörung

Die somatoforme autonome Funktionsstörung (F45.3; existiert nur in der ICD-10) kennzeichnet sich dadurch, dass die Betroffenen die Symptome so schildern, als ob diese auf einer körperlichen Krankheit eines Systems (z. B. kardiovaskuläres, gastrointestinales oder respiratorisches System) oder eines Organs beruhten würden. Ein typisches klinisches Bild der Störung zeigt sich durch eine eindeutige vegetative Beteiligung (z. B. Erröten, Schwitzen, Zittern) mit zusätzlich subjektivem Klagen und einem hartnäckigen Beharren der Betroffenen auf eine Störung eines Organs oder Organsystems als Ursache der Symptome. Für die Diagnose sind mindestens drei Symptome aus einer Aufzählung vegetativer und anderer somatoformer Symptome gefordert. Folgende diagnostische Bedingungen müssen nach ICD-10 erfüllt sein (ergänzt nach Kleinstäuber et al. 2012):

F45.3 1. Hartnäckige und störende Symptome der autonomen (vegetativen) Stimulation (z. B. Herzklopfen, Zittern), die von den Betroffenen einer körperlichen Krankheit einer oder mehreren der folgenden Systeme (oder Organe) zugeordnet werden:
- Herz und kardiovaskuläres System
- Verdauungssystem (Gastrointestinaltrakt)
- Atmungssystem (Respiratorische)
- Urogenitalsystem
2. Zusätzliche subjektive Symptome bezogen auf ein bestimmtes Organ oder System (Mindestens zwei der vegetativen Symptome und mindestens eins der anderen Symptome):
- Vegetative Symptome z. B.:
  – Mundtrockenheit
  – Hitzewallungen oder Erröten
  – Schweißausbrüche
- Andere Symptome z. B.:
  – Brustschmerzen oder Druckgefühl in der Herzgegend
  – Hyperventilation (übermäßige Atmung)
  – Außergewöhnliche Ermüdbarkeit bei bereits leichter Anstrengung
3. Intensive und quälende Beschäftigung mit der Möglichkeit einer schwerwiegenden, aber oft nicht näher bezeichneten Erkrankung des genannten Organs oder Organsystems; diese Beschäftigung wir auch nach wiederholten Erklärungen und Versicherungen der Ärzte nicht aufgeben
4. Kein Anhalt für eine eindeutige Störung der Struktur oder Funktion des betreffenden Systems oder Organs

Mithilfe der fünften Codierungsstelle (F45.3x) kann das Organ oder das Organsystem angegeben werden, welches von den Betroffenen als Ursache für die Symptome gesehen wird. Dabei werden die folgenden unterschieden: kardiovaskuläres System (F45.30), oberer Gastrointestinaltrakt (F45.31; unterer F45.32), respiratorisches System (F45.33) und urologisches System (F45.34). Die somatoformen autonomen Funktionsstörungen haben sich in der internationalen Forschung nicht durchgesetzt (Kleinstäuber et al. 2012).

10.2.4 Anhaltende somatoforme Schmerzstörung

Die anhaltende somatoforme Schmerzstörung (F45.4) ist durch einen quälenden Schmerz oder mehrere, mindestens sechs Monate andauernde Schmerzsymptome gekennzeichnet. Diese haben eine beträchtliche persönliche und medizinische Betreuung oder Zuwendung zur Folge. Nach ICD-10 kann der Schmerz in Verbindung mit emotionalen Konflikten oder psychosozialen Problemen stehen.

Patienten mit der Diagnose *Fibromyalgie* (chronische, generalisierte Schmerzempfindlichkeit) erfüllen in der Regeln die Diagnose (Kleinstäuber et al. 2012). Da die Fibromyalgie zu den sogenannten *funktionellen Syndromen* zählt, sollen an dieser Stelle exemplarisch weitere Beschwerdebilder kurz vorgestellt werden. Die funktionellen Syndrome (=Beschwerdebilder mit unterschiedlichen Symptomen in unterschiedlichen Körperregionen) zählen im weiteren Sinne zu den somatoformen Störungen und sind im klinischen Umfeld gängig. Gemeint sind damit Syndrome wie z. B. chronisches Erschöpfungssyndrom (*Fatigue* = Hauptsymptom ist eine chronische Erschöpfung/Müdigkeit begleitet von weiteren körperliche Symptomen), Reizdarmsyndrom (Bauchschmerzen/Veränderungen der Stuhlgewohnheiten) oder das prämenstruelle Syndrom (affektive und körperliche Symptome während des Menstruationszyklus, Kleinstäuber et al. 2012). Andere unerklärte körperlichen Symptome können unter den Restkategorien (F45.8 sonstige somatoforme Störung/F45.9 nicht näher bezeichnete somatoforme Störung) klassifiziert werden.

10.3 Epidemiologie und Ätiologie

Abhängig vom diagnostischen System (ICD-10/DSM) oder davon, ob eine Checkliste für die Symptome verwendet wird und davon, ob die Prävalenzen in der Allgemeinbevölkerung, der Primärversorgung, oder in stationären Einrichtungen erfasst wurden, schwanken diese stark. 16.1 % (18.4 % in der Primärversorgung [Symptomcheckliste], Hanel et al. 2009) beträgt die Punktprävalenz (nach DSM-IV) in der Allgemeinbevölkerung für irgendeine somatoforme Störung, wobei Frauen häufiger betroffen sind. Für die jeweiligen Störungsgruppen wurden folgende Punktprävalenzen berichtet: 0.5 % Somatoforme Störung, 13 % undifferenzierte Somatoforme Störung, 1.6 % Schmerzstörung und 1.1 % Hypochondrische Störung (De Waal et al. 2004). Bei der Verwendung von diagnostischen Interviews werden höhere Prävalenzraten in der Primärversorgung berichtet: 25.6 % für irgendeine somatoforme Störung (Mergl et al. 2007). Somatoforme Störungen weisen oft komorbide psychische Störungen auf: Am häufigsten mit Angststörungen und affektiven Störungen, ferner mit Substanzmissbrauch oder Persönlichkeitsstörungen (z. B. De Waal et al. 2004). Die Häufigkeit der somatoformen Störungen steht im Zusammenhang mit niedrigem sozioökonomischem Status (erhöhte Prävalenzen bei Personen mit niedriger Bildung oder die zur niedrigen sozialen Schicht gehören; z. B. Kleinstäuber et al. 2012).

Die Entstehung, Aufrechterhaltung und Chronifizierung der somatoformen Störungen wird anhand multipler biopsychosozialer und iatrogener Faktoren

10.3 Epidemiologie und Ätiologie

erklärt, welche in einer komplexen Wechselwirkung stehen. In Abb. 10.1 sind beispielhaft Faktoren genannt, welche die Anfälligkeit erhöhen, auslösenden Charakter haben und zur Aufrechterhaltung oder Chronifizierung beitragen (in Anlehnung an Kleinstäuber et al. 2012, S. 36). Die soziokulturellen Hintergründe (z. B. Akzeptanz der somatischen Krankheiten in den westlichen Ländern oder sekundärer Krankheitsgewinn [Vorteile wie z. B. die Berentung/Zuwendung, welche durch die Krankheit entstehen]) sind zusätzlich zu berücksichtigen.

Die wichtigsten ätiologischen Modelle sind die Folgenden. Das Konzept der *somatosensorischen Verstärkung*, erstmals von Barsky und Kollegen beschrieben, versucht die Entstehung und die zunehmende Verschlechterung der somatoformen Störungen zu erklären (vgl. Kleinstäuber et al. 2012). Es wird angenommen, dass Individuen alltäglichen Körpermissempfindungen besondere Aufmerksamkeit schenken und diese als bedrohlich einstufen. Ein Teufelskreis entsteht: Die erhöhte Aufmerksamkeit führt zur psychophysiologischen Anspannung, was die dysfunktionale Bewertung und wiederum die Aufmerksamkeit und auch die Missempfindungen selber verstärkt. Viele kognitiv-behaviorale Modelle basieren auf dem Mechanismus der somatosensorischen Verstärkung, wurden um Aspekte wie das subjektive Krankheitsmodell (z. B. die eigene Erklärung für die Symptome ist eine rein medizinischen bzw. organische), Sorgenneigung, Erwartungseffekte, aufrechterhaltende Verhaltensweisen (z. B. Schonverhalten oder das *„checking*

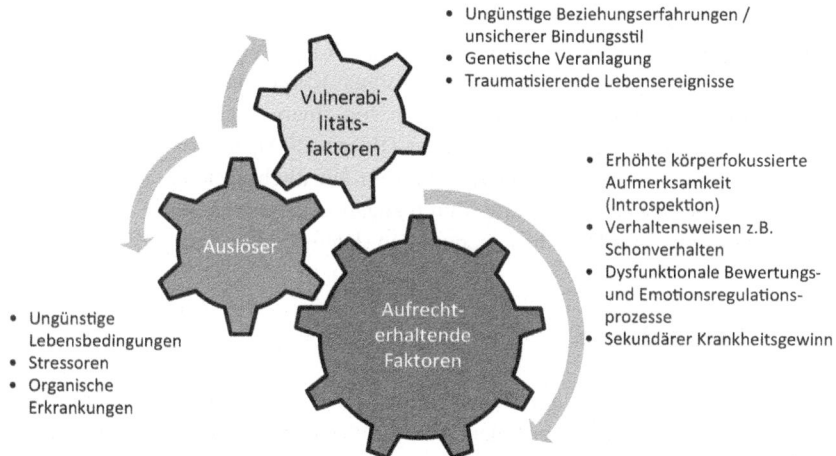

Abb. 10.1 Vereinfachtes integratives Modell: Vulnerabilitäts-Auslöser und Aufrechterhaltende Faktoren der somatoformen Störungen

behavior" = Abtasten oder Absuchen des Körpers auf Anhaltspunkte von möglichen Krankheiten) oder um potenzielle Auslöser erweitert (Kleinstäuber et al. 2012; Lahmann et al. 2010).

Das *psychobiologische Filtermodell* von Rief und Barsky (2005) besteht aus den Komponenten Körpersignal, Filter und Wahrnehmung und geht davon aus, dass Körpersymptome einen Auswahlprozess durch das kognitive System durchlaufen. Kognitive Prozesse (im Sinne eines Filters) vermitteln folglich zwischen den Körpersignalen und dem tatsächlichen Erleben (bzw. der tatsächlichen Wahrnehmung). Das Filtermodell geht davon aus, dass aufgrund der Begrenzung der kognitiven Ressourcen nur wenige Signale bewusst wahrnehmbar sind. So vermag beispielsweise ein gestörter Filter (z. B. Krankheitsängstlichkeit und erhöhte selektive Aufmerksamkeit für Beschwerden können Filter beeinflussen), welcher zu durchlässig ist und somatosensorische Reize in den Fokus der Aufmerksamkeit gelangen lässt, die Entstehung der somatoformen Störungen erklären (Kleinstäuber et al. 2012). In den *psychodynamischen und tiefenpsychologischen Konzepten* werden intrapsychische Konflikte oder Defizite im emotionalen Erleben (z. B. Unfähigkeit eigene Gefühle wahrzunehmen und diese in Verbindung zu psychosozialen Stressoren zu setzten = *Alexithymie*) als Folge ungünstiger Bindungs- und Beziehungserfahrungen als Ursache für die Symptome gesehen. Die Abwehrprozesse richten sich folglich v. a. gegen belastende Emotionen und sind nicht eine somatische Antwort auf einen spezifischen Konflikt im Sinne der Spezifitätsmodelle (=einfache monokausale Betrachtungsweise, wobei bei einer bestimmten Krankheit eine Ursache angenommen wird z. B. Kehlkopfkrebs entsteht durch das häufige herunterschlucken der Sorgen). Monokausale Betrachtungsweisen und ebenso der Dualismus zwischen Körper und Psyche können klar als überholt angesehen werden und wurden von einem komplexen, multifaktoriellen biopsychosozialem Modell abgelöst (Brown 2004; Overbeck et al. 1999). Aus der *interpersonellen Perspektive* wird ein ängstlich-unsicherer Bindungsstil und eine Körperbeziehungsstörung (durch negative Erfahrungen mit dem eigenen Körper entstanden) als Ursache angenommen (Kleinstäuber et al. 2012).

10.4 Behandlung

Die Therapie sollte sich am Schweregrad der Störung orientieren, multidisziplinär/kooperativ und koordiniert sein (Schaefert et al. 2012). Eine fachärztliche Abklärung ist nötig, jedoch kann dann auch ein psychologischer Psychotherapeut/Psychotherapeutin eigenständig (wenn nötig mit den entsprechenden Absprachen) handeln. Die Schweregradeinstufung kann, wie oben

10.4 Behandlung

beschrieben, anhand des Flaggensystems erfolgen. Bei indizierten schweren Verläufen (vgl. gelbe & rote Flagge) wird eine besonders rasche psychotherapeutische Mitbeurteilung bzw. Mitbehandlung empfohlen, wobei ein multimodales Therapiekonzept (=mind. zwei Fachdisziplinen [z. B. somatisch und psychologisch]) erforderlich wird (Schaefert et al. 2012). Tritt nach sechs Monaten kein ambulanter Behandlungserfolg ein, sollte eine (teil-)stationäre Behandlung in Betracht gezogen werden (Schaefert et al. 2012). Die Basis der Therapie bilden die Haltung, die Behandler-Patient-Beziehung und die Gesprächsführung. Dabei sollen eine symptom- und bewältigungsorientierte und biopsychosoziale Grundhaltung eingenommen werden (Prinzip: *Sowohl als auch*-Haltung = sowohl somatisch als auch psychosoziale Sicht). Die Befunde sollten anschaulich vermittelt werden. Angeknüpft am subjektiven Krankheitsmodell der Betroffenen sollen dann biopsychosoziale Zusammenhänge und Erklärungsmodelle erarbeitet und vermittelt werden (z. B. Psychoedukation zu Stress, Teufelskreismodelle, Rolle des Schonverhaltens). Die Therapiebeziehung wird von Behandlern und Betroffenen oft als schwierig beurteilt und gleichzeitig ist eine tragfähige Arbeitsbeziehung für eine gelingende Diagnostik und Therapie zentral. Bei der *Gesprächsführung* sind folgende Aspekte wesentlich: Die *Annahme der Beschwerdenklage* (Symptome von den Betroffenen detailliert schildern lassen), das *aktive Zuhören* (z. B. verbal und nonverbal Aufmerksamkeit, Interesse zeigen), *tangentiale Gesprächsführung* (beiläufiges, empathisches Aufgreifen und Benennen psychosozialer Belastungen während der Beschwerdenklage) und die *partizipative Entscheidungsfindung* (Betroffenen einbeziehen und Entscheidungen gemeinsam treffen; vgl. Schaefert et al. 2012). Hingewiesen sei auch auf Motivational Interviewing (s. Abschn. 9.5) und Motivorientierte Beziehungsgestaltung (s. Kap. 4 und 13).

Die Psychotherapie ist auch bei schweren somatoformen Störungen indiziert und sollte *beschwerdenorientiert, kontextbezogen* (meint z. B. Soziallage/Komorbidität berücksichtigen) und *ressourcenorientiert* (positive Beschreibung der Beschwerden anbieten, was ist trotz Symptomen an Aktivität möglich [gestufte körperliche/soziale Aktivierung]) sein (Koelen et al. 2014; Schaefert et al. 2012). Die Therapie orientiert sich zu Beginn an den Beschwerden (genaue Erfassung derselben z. B. mit Schmerzprotokollen) und deren Bewältigung. Es sollten individuelle, realistische Therapieziele gemeinsam erarbeitet werden (z. B. Umgang mit Schmerzen und nicht Schmerzfreiheit). Im Anschluss soll am subjektiven Erklärungsmodell und an den individuellen Ressourcen angeknüpft werden (Psychoedukation/Erarbeitung eines biopsychosozialen Erklärungsmodells, die Herleitung der Bedeutung der körperlichen und sozialen Aktivierung). Erfolgreiche psychotherapeutische Ansätze sind vor allem die kognitive Verhaltenstherapie, daneben auch psychodynamisch-interpersonelle und hypnotherapeutische/imaginative Ansätze. Ergänzend können körperorientierte und Entspannungsverfahren, imaginative Übungen sowie Medikation (kurzfristig) eingesetzt werden (Schaefert et al. 2012). In der psychopharmakologischen Therapie werden v. a. regelmäßig Antidepressiva und Benzodiazepine eingesetzt, die Wirkung ist aber (d. h. auch für die überwiegend eingesetzten Antidepressiva) kritisch zu beurteilen, auch wegen der Nebenwirkungen. Bei den häufig und oft über einen längeren Zeitraum eingesetzten Benzodiazepinen ist auch das Abhängigkeitspotenzial problematisch (Kleinstäuber et al. 2012).

10.5 Gestaltung der Therapiebeziehung

Die Behandler-Patient-Beziehung ist schwierig, herausfordernd und gleichzeitig die fundamentale Basis für eine gelingende Therapie. Große Herausforderungen für die Beziehungsgestaltung sind:

- Die potenzielle Instrumentalität der Symptome, welche einen zwischenmenschlichen Nutzen haben können (z. B. Zuwendung, Unterstützung oder Schonung in der Therapiebeziehung, aber auch in anderen sozialen Beziehungen); Das Verteidigen einer Instrumentalität, die nicht direkt mit der Beziehung zu tun hat, kann dennoch innerhalb der Therapiebeziehung stattfinden
- Intrapsychische Funktionalität (z. B. Ablenkung von anderen psychischen Belastungen oder Störungen)
- das oftmals starre medizinische Problemverständnis (starke Überzeugung, dass die Symptome eine körperliche Ursache haben), welches in einer geringen Motivation für eine Psychotherapie münden kann;
- der ungünstige Umgang mit belastenden Emotionen oder Konflikten
- die ausführliche Berichten von Symptomen (*Symptomklage*, Lahmann et al. 2010).

Zudem haben viele Betroffene bereits eine Vielzahl an Behandlern aufgesucht mit dem Ziel die Ursache für ihre Symptome zu finden. Die Überweisung zu einer Psychotherapie kann im ersten Moment kränkend sein und das Gefühl von „ich werde nicht verstanden und nicht ernstgenommen" verstärken. Deshalb ist dieses Grundgefühl in der Gesprächsführung zu berücksichtigen und das Leiden der Betroffenen ernst zu nehmen (Lahmann et al. 2010). Die Beziehungsgestaltung soll an das Erklärungsmodell, welches die Betroffenen haben, angepasst werden.

Zu Beginn der Therapie empfiehlt sich eine gemeinsame Erarbeitung von einem *Therapierational* (=Verständnis über die Therapie und die Therapieziele), wobei der Ansatzpunkt das Erklärungsmodell des Patienten darstellt. Dabei sollte auf biopsychosoziale Faktoren eingegangen werden, welche für die Entwicklung der Symptome relevant sind (vgl. tangentiale Gesprächsführung). Gleichzeitig kann der Therapeut/die Therapeutin für die Erklärung alternative Sichtweisen einbringen und das biopsychosoziale Erklärungsmodell fördern und ausbauen.

10.6 Gesichtspunkte der aktuellen Forschung

In der aktuellen Forschung wird unter anderem die Rolle der Emotionsregulation bei den somatoformen Störungen diskutiert. Viele Betroffene weisen in der Biografie ungünstige Beziehungserfahrungen und traumatische Ereignisse auf, was die Frage aufwirft, ob dysfunktionale Bewältigungsstrategien oder veränderte Emotionsregulationsprozesse als Reaktion auf diese Erfahrungen und Erlebnisse einen Einfluss bei der Entstehung somatoformer Störungen haben (Kleinstäuber et al. 2012). Basierend auf Forschungsbefunden, welche einen Zusammenhang zwischen somatischen Beschwerden und perseverierenden Kognitionen belegen (z. B. Sorgen oder Rumination [Grübeln]), stellten Brosschot und Kollegen (2006) die *perseverierenden-Kognitions-Hypothese* auf. Die Autoren postulieren, dass eine andauernde mentale Beschäftigung (in Form von perseverierenden Kognitionen) nach und mit einem Stressor (z. B. traumatische Lebensereignisse) sowie die Beschäftigung mit den erwarteten Konsequenzen, die affektive und physiologische Stressreaktion verlängert beziehungsweise konserviert und dadurch die somatoformen Symptome begünstigt. Inwiefern ein kausaler Zusammenhang zwischen defizitären Emotionsregulationsprozessen und somatoformen Störungen besteht und ob Personen mit somatoformen Beschwerden nun stärker zu perseverierenden Kognitionen neigen, ist noch eine offene Frage für zukünftige Forschung (Kleinstäuber et al. 2012). Im klinischen Alltag ist bereits heute der Aufbau adaptiver Emotionsregulationsstrategien oft ein Bestandteil der Behandlung von somatoformen Störungen. Falls sich die empirischen Befunde hinsichtlich der Emotionsregulation und somatoforme Störungen in experimentellen Untersuchungen bestätigen, wäre eine Ergänzung der Behandlungsleitlinien um Elemente der Emotionsregulation erforderlich (Kleinstäuber et al. 2012).

10.7 Verständnisfragen

Fragen
1. Welche Symptome treten bei der Somatisierungsstörung auf?
2. Wie sollte die Diagnostik der Somatoformen Störungen optimal verlaufen?
3. Welche Faktoren können eine aufrechterhaltende Funktion bei somatoformen Störungen haben?
4. Was wird unter dem Konzept der somatosensorischen Verstärkung verstanden?

Literatur

Zitierte Literatur

Brosschot, J. F., Gerin, W., & Thayer, J. F. (2006). The perseverative cognition hypothesis: A review of worry, prolonged stress-related physiological activation, and health. *Journal of Psychosomatic Research, 60,* 113–124. doi:10.1016/j.jpsychores.2005.06.074.

Brown, R. J. (2004). Psychological mechanisms of medically unexplained symptoms: An integrative conceptual model. *Psychological Bulletin, 130,* 793–812. doi:10.1037/0033-2909.130.5.793.

De Waal, M. W. M., Arnold, I. A., Eekhof, J. A. H., & Van Hemert, A. M. (2004). Somatoform disorders in general practice: Prevalence, functional impairment and comorbidity with anxiety and depressive disorders. *The British Journal of Psychiatry, 184,* 470–476. doi:10.1192/bjp.184.6.470.

Hanel, G., Henningsen, P., Herzog, W., Sauer, N., Schaefert, R., Szecsenyi, J., & Löwe, B. (2009). Depression, anxiety, and somatoform disorders: Vague or distinct categories in primary care? Results from a large cross-sectional study. *Journal of Psychosomatic Research, 67,* 189–197. doi:10.1016/j.jpsychores.2009.04.013.

Kleinstäuber, M., Thomas, P., Witthöft, M., & Hiller, W. (2012). *Kognitive Verhaltenstherapie bei medizinisch unerklärten Körperbeschwerden und somatoformen Störungen.* Heidelberg: Springer.

Koelen, J. A., Houtveen, J. H., Abbass, A., Luyten, P., Eurelings-Bontekoe, E. H. M., Van Broeckhuysen-Kloth, S. A. M., Bühring, M. E. F., & Geenen, R. (2014). Effectiveness of psychotherapy for severe somatoform disorder: Meta-analysis. *The British Journal of Psychiatry, 204,* 12–19. doi:10.1192/bjp.bp.112.121830.

Lahmann, C., Henningsen, P., Noll-Hussong, M., & Dinkel, A. (2010). Somatoforme Störungen. *Psychotherapie, Psychosomatik Medizinische Psychologie, 60,* 227–236. doi:10.1055/s-0030-1248479.

Mergl, R., Seidscheck, I., Allgaier, A.-K., Möller, H.-J., Hegerl, U., & Henkel, V. (2007). Depressive, anxiety, and somatoform disorders in primary care: prevalence and recognition. *Depression and Anxiety, 24,* 185–195. doi:10.1002/da.20192.

Overbeck, G., Grabhorn, R., Stirn, A., & Jordan, J. (1999). Neuere Entwicklungen in der Psychosomatischen Medizin. *Versuch einer aktuellen Standortbestimmung. Psychotherapeut, 44,* 1–12.
Rief, W., & Barsky, A. J. (2005). Psychobiological perspectives on somatoform disorders. *Psychoneuroendocrinology, 30,* 996–1002. doi:10.1016/j.psyneuen.2005.03.018.
Schaefert, R., Hausteiner-Wiehle, C., Häuser, W., Ronel, J., Herrmann, M., & Henningsen, P. (2012). Nicht-spezifische, funktionelle und somatoforme Körperbeschwerden. *Deutsches Ärzteblatt, 47,* 803–813. http://www.awmf.org/uploads/tx_szleitlinien/051-001l_S3_Nicht-spezifische_funktionelle_somatoforme_Koerperbeschwerden_2012-04.pdf.

Lesetipps

Egle, U. T., & Zentgraf, B. (2013). *Psychosomatische Schmerztherapie. Grundlagen, Diagnostik, Therapie und Begutachtung.* Stuttgart: Kohlhammer.
Martin, A., Härter, M., Ienningsen, P., Hiller, W., Kröner-Herwig, B., & Rief, W. (2013). *Evidenzbasierte Leitlinie zur Psychotherapie somatoformer Störungen und assoziierter Syndrome.* Göttingen: Hogrefe.
Rauh, E., & Rief, W. (2006). *Ratgeber somatoforme Beschwerden und Krankheitsängste: Information für Betroffene und Angehörige.* Göttingen: Hogrefe.

Persönlichkeitsstörungen 11

11.1 Einleitung

Persönlichkeit kann als die charakteristische Art und Weise verstanden werden, mit der ein Mensch sowohl seinen Bedürfnissen als auch den Anforderungen der Gesellschaft gerecht zu werden versucht. Wenn Menschen sich im Kontakt mit der Umwelt durch rigide Erlebens- und Interaktionsmuster auszeichnen, wird von Persönlichkeitsstil oder -akzentuierung und in ausgeprägten Fällen von **Persönlichkeitsstörung** gesprochen. Persönlichkeitsstörungen haben ihren Beginn in Kindheit oder Jugend; kommt es dagegen z. B. aufgrund von Hirnverletzungen erst im Erwachsenenalter zu einer dauerhaften Wandlung der Persönlichkeit, wird dies als andauernde Persönlichkeits*änderung* diagnostiziert.

11.2 Charakteristika und Diagnostik

Menschen, denen eine Persönlichkeitsstörung diagnostiziert werden kann, zeichnen sich durch rigide Erlebens- und Interaktionsmuster aus, welche sich in Wahrnehmen, Denken, Fühlen und Verhalten zeigen und von kulturellen und sozialen Normen extrem abweichen. Oftmals werden die Symptome von Persönlichkeitsstörungen von den Betroffenen als ich-eigen (**ich-synton**) und nicht als störend oder problematisch erlebt, sodass der Leidensdruck eher das soziale Umfeld betrifft. Eine Diagnosestellung ist erst nach der Pubertät möglich. Die allgemeinen diagnostischen Kriterien für spezifische Persönlichkeitsstörungen (ICD-10: F60) sind in Box 11.1 aufgelistet. Daneben können nicht näher bezeichnete (F60.9) und kombinierte Persönlichkeitsstörungen (F61) diagnostiziert werden.

> **Allgemeine diagnostische Kriterien nach ICD-10**
> - G1. Die charakteristischen und dauerhaften inneren Erfahrungs- und Verhaltensmuster der Betroffenen weichen insgesamt deutlich von kulturell erwarteten und akzeptierten Vorgaben („Normen") ab. Diese Abweichung äußert sich in mehr als einem Bereich (Kognition, Affektivität, Impulskontrolle, zwischenmenschliche Beziehungen, etc.).
> - G2. Die abweichenden Erfahrungs- und Verhaltensmuster sind so ausgeprägt, dass das daraus resultierende Verhalten in vielen persönlichen und sozialen Situationen unflexibel, unangepasst oder auch auf andere Weise unzweckmäßig ist.
> - G3. Es besteht persönlicher Leidensdruck oder eine Belastung der sozialen Umwelt.
> - G4. Die Abweichung ist stabil, von langer Dauer und hat im späten Kindesalter oder in der Adoleszenz begonnen.
> - G5 und G6. Die Abweichung kann nicht durch andere psychischen Störungen oder organische Erkrankung erklärt werden

Wichtige Differentialdiagnosen sind einerseits andauernde Persönlichkeitsveränderungen (F62), z. B. nach Extrembelastung (F62.0), und andererseits Persönlichkeits- und Verhaltensstörungen aufgrund einer Krankheit, Schädigung oder Funktionsstörung des Gehirns (F07), z. B. bei der organischen Persönlichkeitsstörung (F07.0). Während in der Vorgängerversion des amerikanischen Klassifikationssystems (DSM-IV) Persönlichkeitsstörungen auf einer eigenen Achse klassifiziert wurden *(Achse-II)*, wurde dieses Axialsystem in der aktuellen Version DSM-5 aufgegeben. Dennoch werden im Sprachgebrauch Persönlichkeitsstörungen weiterhin häufig als „Achse-II-Störungen" bezeichnet.

Zur Diagnostik von Persönlichkeitsstörungen stehen standardisierte Interviews sowie Fragebögen als Hilfsmittel zur Verfügung. Verfahren wie das strukturierte klinische Interview (SKID-II für DSM-IV; Fydrich et al. 1997; für das neue DSM-5 noch nicht in deutscher Übersetzung verfügbar) oder die *International Personality Disorder Examination* (IPDE; Loranger et al. 1994; für ICD-10 und DSM-IV) erhöhen die Reliabilität der Diagnosestellung beträchtlich; dennoch ist die Güte der Diagnosestellung verbesserungsbedürftig, unter anderen hinsichtlich der Übereinstimmung von Diagnoseinstrumenten untereinander, der zeitlichen Stabilität der Diagnosen und der hohen Anzahl an komorbid diagnostizierten

11.2 Charakteristika und Diagnostik

Persönlichkeitsstörungsdiagnosen. Persönlichkeitsstörungen sollten nicht aufgrund eines einzelnen Interviews gestellt werden, sondern als Grundlage neben Interviews und Fragebogenmaßen möglichst auch fremdanamnestische Informationen miteinbeziehen (z. B. von Angehörigen).

Die Diagnose Persönlichkeitsstörung betrifft eine Person als solche (und nicht nur einzelne Verhaltensweisen oder Problembereiche), konzeptualisiert diese Person als Quelle der Probleme und wird aufgrund des ich-syntonen Charakters der Symptomatik häufig von außen gestellt. Diese Aspekte erschweren eine Kommunikation zwischen Behandelnden und PatientInnen bezüglich der Diagnose (Meta-Kommunikation) und bergen ein hohes Risiko für Stigmatisierung (insbesondere, da die eigentlich deskriptiven Diagnosen reifiziert und als Erklärungen verwendet werden; vergleiche Kap. 4 Diagnostik und Klassifikation).

In den folgenden Abschnitten werden die wichtigsten Charakteristika der einzelnen Persönlichkeitsstörungen in Anlehnung an Fiedler (2009) skizziert (siehe auch Tab. 11.1).

Tab. 11.1 Charakteristika der spezifischen Persönlichkeitsstörungen nach DSM-V in Anlehnung an Fiedler (2009) und DSM-5 (APA 2013) mit entsprechenden ICD-10 Codes

Cluster	Bezeichnung	ICD-10 Code
A: sonderbar/exzentrisch	Paranoid	F60.0
	Schizoid	F60.1
	Schizotypisch	F21 (im ICD-10 nicht als Persönlichkeitsstörung kategorisiert)
B: dramatisch/emotional	Antisozial bzw. dissozial	F60.2
	Histrionisch	F60.4
	Narzisstisch	F60.8 (im ICD-10 nur als sonstige spezifische Persönlichkeitsstörung kategorisiert)
	Borderline	F60.31 (emotional-instabile Persönlichkeitsstörung, Borderline-Typ)
C: ängstlich/vermeidend	Ängstlich-vermeidend bzw. selbstunsicher	F60.6
	Dependent bzw. abhängig	F60.7
	Zwanghaft bzw. anankastisch	F60.5

11.2.1 Cluster A: ‚Sonderbar/exzentrisch'

Paranoide Persönlichkeitsstörung Die paranoide Persönlichkeitsstörung kann bei Menschen diagnostiziert werden, deren Erleben und Verhalten sich durch ein tiefes Misstrauen den Absichten anderer Menschen gegenüber auszeichnet. Diese Persönlichkeitsstörung umfasst auch eine Überempfindlichkeit bezüglich Kritik, den häufigen Eindruck des Benachteiligtwerdens und eine Neigung zum Querulantentum (z. B. häufige Rechtsstreitigkeiten).

Schizoide Persönlichkeitsstörung Diese Persönlichkeitsstörung ist durch ein sehr geringes Interesse an freundschaftlichen, partnerschaftlichen, sexuellen oder sonstigen sozialen Kontakten charakterisiert; dies wird von der Umwelt als distanziert, einzelgängerisch oder scheu wahrgenommen. Die Bandbreite der ausgedrückten Gefühle ist stark eingeschränkt, sodass Betroffene auf andere Menschen häufig unnahbar oder gefühlskalt wirken.

Schizotypische Persönlichkeitsstörung Menschen, die sich durch ungewöhnliche Wahrnehmungserfahrungen (z. B. körperbezogene Illusionen), eigentümliche Denkinhalte (z. B. Aberglaube) bis hin zu *Beziehungsideen* (die jedoch nicht den Charakter von Wahn annehmen), eine seltsame Sprechweise sowie exzentrisches Verhalten auszeichnen, zeigen Züge einer schizotypischen Persönlichkeitsstörung. In engen sozialen Beziehungen verspüren Menschen mit dieser Persönlichkeitsstörung Unbehagen. Die Symptome erreichen nicht die Ausprägung einer Störung aus dem schizophrenen Formenkreis; andernfalls kann die Diagnose in eine entsprechende F2-Diagnose umgewandelt werden (siehe Kap. 7, Schizophrenie).

11.2.2 Cluster B: ‚Dramatisch/emotional'

Antisoziale Persönlichkeitsstörung. Diese auch als dissoziale Persönlichkeitsstörung bezeichnete Diagnose geht mit der Missachtung und Verletzung der Rechte anderer Menschen einher und äußert sich in einer mangelnden Anpassung an moralische und gesetzliche Normen (z. B. Lügen zum persönlichen Vorteil) zwecks Erreichung eigener Ziele; dieses Verhalten wird von der Umwelt als rücksichtslos wahrgenommen. Auch eine gestörte Impulskontrolle und das Fehlen von Schuldgefühlen sind charakteristisch für die antisoziale Persönlichkeitsstörung.

Histrionische Persönlichkeitsstörung. Wenn Erleben und Verhalten durch eine von außen als übertrieben wirkende Emotionalität (Theatralik) und einen starken Wunsch nach Aufmerksamkeit geprägt sind, wird von einer histrionischen Persönlichkeitsstörung gesprochen. Betroffene zielen darauf ab, im Mittelpunkt der Aufmerksamkeit zu stehen, und erreichen dies z. B. durch sexuell verführerisches Verhalten.

Narzisstische Persönlichkeitsstörung. Menschen mit einem übertriebenen Anspruchsdenken, einem großen Verlangen nach Bewunderung und einem unbeständigen Selbstwertgefühl zeigen die Charakteristika der narzisstischen Persönlichkeitsstörung. In zwischenmenschlichen Beziehungen wirken Betroffene oft arrogant, unempathisch und überempfindlich bei Kritik.

Borderline-Persönlichkeitsstörung. Das exzessive Bemühen, ein antizipiertes Verlassenwerden durch andere zu verhindern, kennzeichnet die Borderline-Persönlichkeitsstörung (ICD-10: emotional-instabile Persönlichkeitsstörung, Borderline-Typ). Darüber hinaus zeigt sich eine Instabilität sowohl in Beziehungen (z. B. Idealisierung versus Entwertung anderer), als auch im Selbstbild bzw. der Identität, als auch in der Emotionalität (z. B. Wutausbrüche) bei Betroffenen. Bei Spannungszuständen kann selbstverletzendes Verhalten (z. B. sich schneiden) gezeigt werden.

11.2.3 Cluster C: ‚Ängstlich/vermeidend'

Ängstlich-vermeidende bzw. selbstunsichere Persönlichkeitsstörung. Diese Persönlichkeitsstörung geht mit extremer Schüchternheit, starker Angst vor Kritik und Zurückweisung sowie Minderwertigkeitsgefühlen einher. Enge Bindungen werden nur dann eingegangen, wenn sich Betroffene sehr sicher sind, vom Gegenüber nicht zurückgewiesen zu werden. Aufgrund der Vermeidung sozialer Kontakte bestehen häufig ausgeprägte Defizite in sozialen Kompetenzen. Die diagnostische Abgrenzung von selbstunsicherer Persönlichkeitsstörung und generalisierter sozialer Phobie kann problematisch sein; oft wird ein Kontinuum von der spezifischen über die generalisierte soziale Phobie hin zur selbstunsicheren Persönlichkeitsstörung angenommen.

Dependente bzw. abhängige Persönlichkeitsstörung. Menschen mit dependenter Persönlichkeitsstörung zeichnen sich durch Schwierigkeiten beim Treffen von Alltagsentscheidungen (Delegation der Verantwortung an andere), eine starke Hemmung, anderen zu widersprechen, und unterwürfiges interpersonelles Verhalten aus. Das Selbstbild von Betroffenen ist durch die Überzeugung geprägt, alleine bzw. ohne die Unterstützung und Fürsorge von anderen Menschen nicht zurecht zu kommen.

Zwanghafte bzw. anankastische Persönlichkeitsstörung. Wenn sich Menschen exzessiv mit Details, Ordnung und Plänen beschäftigen, und dieses Streben nach Perfektion die Erfüllung von Aufgaben maßgeblich behindert, liegen Symptome der zwanghaften Persönlichkeitsstörung vor. Während in abhängigen zwischenmenschlichen Beziehungen (z. B. in der Rolle als Mitarbeiter) Pflichten sehr gewissenhaft nachgekommen wird, oktroyieren Menschen mit zwanghafter Persönlichkeitsstörung Untergebenen oder anderen von ihnen abhängigen Personen häufig die eigenen rigiden Vorstellungen und Regeln auf.

11.3 Epidemiologie und Ätiologie

Die Punktprävalenz von spezifischen Persönlichkeitsstörungen liegt in der Allgemeinbevölkerung in Nordamerika und Europa bei ca. 4 bis 15 % (Tyrer et al. 2015). Am häufigsten treten die schizotypische, dependente und zwanghafte Persönlichkeitsstörung auf. In klinischen Einrichtungen ist die Prävalenz mit 40 bis 50 % je nach Klassifikationssystem deutlicher höher als in der Allgemeinbevölkerung.

Persönlichkeitsstörungen gelten als Extremvarianten persönlicher Stile und werden als Störung zwischenmenschlicher Beziehungen konzeptualisiert. Das heißt, dass sie von vielen Forschenden nicht als Störung der Persönlichkeit im eigentlichen Sinne angesehen werden, sondern als komplexe Störung des zwischenmenschlichen Beziehungsverhaltens. Im entsprechenden Vulnerabilitäts-Stress-Modell sind interpersonelle Konflikte und auch veränderte soziale Anforderungen (z. B. Jobwechsel) Stressoren, die mit zwei unterschiedlichen Arten von Vulnerabilität interagieren: der diathetischen und der psychosozialen Prädisposition. Die erstere umfasst die genetische Anfälligkeit für Persönlichkeitsstörungen und prä-, peri- sowie postnatale Traumata (z. B. Geburtskomplikationen). Die zweite setzt sich aus ungünstiger Erziehung und traumatischen Erfahrungen (z. B. Kindesmisshandlung) sowie allgemeinen Risikofaktoren wie niedrigem sozialem Status zusammen.

Extreme Persönlichkeitsstile können als Selbstschutz verstanden werden, der der Vermeidung von Verletzungen von Bedürfnissen oder der Bewältigung von sozialen Anforderungen dient. Obwohl sie damit eine instrumentelle Funktion

11.4 Behandlung

Abb. 11.1 Krisenhafte Zuspitzung bei Persönlichkeitsstörungen als Eskalation interpersoneller Krisen. (In Anlehnung an Fiedler 2009)

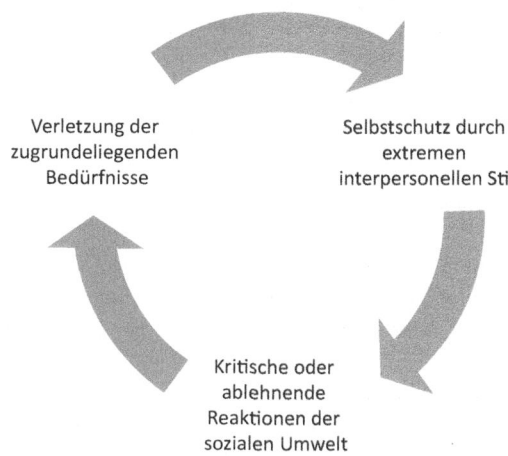

haben und sogar als spezifische, aber in den meisten Situationen maladaptive Kompetenzen angesehen werden können, wird das durch den Stil bedingte Erleben und Verhalten der Betroffenen von der Umwelt als Verletzung interpersoneller Normen erlebt. Diese Normverletzung provoziert interpersonelle Reaktionen, die die Person eigentlich zu vermeiden versucht, z. B. Kritik, Ablehnung oder Feindseligkeit. Dadurch entwickelt sich ein Teufelskreis, der zu einer krisenhaften Zuspitzung führen kann (siehe Abb. 11.1).

11.4 Behandlung

Die Methode der Wahl bei der Behandlung von Persönlichkeitsstörungen sind gemäß der entsprechenden S2-Leitlinie (DGPPN 2009) psychotherapeutische Verfahren, während psychopharmakologische Behandlungsansätze einen geringeren Stellenwert haben (z. B. Medikation bei komorbiden Störungen wie Depression). Als evidenzbasiert gelten kognitive Verhaltenstherapie und psychodynamische Therapie. Zu den kognitiv-verhaltenstherapeutischen Verfahren gehören unspezifische Verfahren, beispielsweise von Beck et al. (1993) oder Young (Schematherapie 1990), und spezifische Verfahren wie beispielsweise die dialektisch-behaviorale Therapie für Borderline-Persönlichkeitsstörungen von Linehan (1993), die in der Regel den unspezifischen Verfahren vorzuziehen sind.

Psychotherapeutische Ansatzpunkte, auf deren Veränderung die meisten Verfahren nach Fiedler (2009) abzielen, sind:

Interpersonelle Interaktionsstörungen	Störungen der Selbstwahrnehmung
Störungen des emotionalen Erlebens	Störungen der Selbstdarstellung
Störungen der Realitätswahrnehmung	Störungen der Impulskontrolle

Weitere Charakteristika von vielen Behandlungsansätzen sind 1) eine grundsätzlich empathische und wertschätzende therapeutische Haltung gegenüber der Person (und gleichzeitig kritischer Haltung gegenüber selbst- und fremdgefährdendem Verhalten), 2) das Verständnis des interpersonellen Stils als etwas, das nicht ‚wegtherapiert', sondern um weitere Erlebens- und Verhaltensweisen (z. B. interpersonelle Fertigkeiten, Emotionsregulationsstrategien, etc.) ergänzt werden soll und PatientInnen dadurch zu mehr Flexibilität verhilft, und 3) das Verzichten auf Konfrontation vor allem zu Beginn der Behandlung.

11.5 Gestaltung der Therapiebeziehung

Da PatientInnen mit Persönlichkeits- und komorbiden Störungen ihre interpersonelle Rigidität auch in die Therapiebeziehung einbringen, stellen sie besondere Anforderungen an Behandelnde, auch wenn sie typischerweise (außer bei der Borderline-Persönlichkeitsstörung) wegen eines anderen Problems und ohne Behandlungsauftrag für die Persönlichkeitsstörung in die Therapie kommen. Mithilfe der Motivorientierten Beziehungsgestaltung auf Grundlage einer individuellen Plananalyse (Caspar 2017) ist die Etablierung einer tragfähigen Therapiebeziehung möglich. Zugrunde liegende, akzeptable Motive wie beispielsweise Anerkennung zu suchen werden durch Behandelnde proaktiv und möglichst zielgerichtet befriedigt, sodass problematischen Motiven und konkreten Verhaltensweisen (z. B. sexuell provokatives Verhalten zeigen bei der histrionischen Persönlichkeitsstörung) die motivationale Basis entzogen wird. Im Modell der doppelten Handlungsregulation von Sachse et al. (2010) werden problematische, strategische Verhaltensweisen als Resultat der sogenannten „Spielebene" verstanden, während unproblematische, „echte" Verhaltensweisen der sogenannten „Motivebene" entspringen.

11.6 Gesichtspunkte der aktuellen Forschung

Im Rahmen der Entwicklung des neuen DSM-5 Klassifikationssystems (APA 2013) wurde der Wechsel von einem kategorialen zu einem dimensionalen Ansatz bei der Beschreibung von Persönlichkeitsstörungen intensiv diskutiert, fand aber letztlich keinen Einzug in die finale Version sondern wurde in einer Sektion für im Entstehen inbegriffene Konzepte dokumentiert. Der Entwurf beinhaltet in Anlehnung die Big-5 der Persönlichkeitspsychologie fünf übergreifende Dimensionen, die in weitere Facetten differenziert werden: 1) Negative Affektivität versus emotionale Stabilität, 2) Distanziertheit versus Extraversion, 3) Antagonismus versus Verträglichkeit, 4) Disinhibition versus Gewissenhaftigkeit, und 5) Psychotizismus versus Klarheit. Im sogenannten Hybridmodell des alternativen DSM-5-Entwurfs liegen dann Persönlichkeitsstörungen vor, wenn die Person extreme Ausprägungen auf mindestens einer dieser Dimensionen hat (z. B. Gewissenhaftigkeit bei der zwanghaften Persönlichkeitsstörung) und darüber hinaus Persönlichkeitsfunktionen deutlich beeinträchtigt sind (Selbst: Identität oder Selbstregulation; Interpersonal: Empathie oder Intimität). Aufgrund von mangelnder empirischer Absicherung und anderen Problemen (z. B. des hohen Komplexitätsgrads, der im Widerspruch mit der Anwendung in der Praxis steht) wurde der Entwurf nicht übernommen; eine dimensionale Betrachtungsweise von Persönlichkeitsstörungen in zukünftigen Diagnosesystemen ist jedoch wahrscheinlich (z. B. im ICD-11; Tyrer et al. 2015).

Weitere für das ICD-11 geplante Veränderungen sind unter anderem die Möglichkeit einer Persönlichkeitsstörungsdiagnose mit Beginn im Erwachsenenalter (über die Qualifizierung ‚später Beginn') sowie eine Abstufungsmöglichkeit in milde, moderate und schwerwiegende Persönlichkeitsstörung (Tyrer et al. 2015).

11.7 Verständnisfragen

Fragen
1. Was wird unter Ich-Syntonie im Rahmen von Persönlichkeitsstörungen verstanden?
2. Auf welche Weise können Persönlichkeitsstörungen zusammengefasst werden?
3. Wie können krisenhafte Zuspitzungen bei Persönlichkeitsstörungen verstanden werden?
4. Was zeichnet die Borderline-Persönlichkeitsstörung aus?
5. Wofür kann motivorientierte Beziehungsgestaltung bei der Behandlung von PatientInnen mit Persönlichkeitsstörungen nützlich sein?

Literatur

American Psychiatric Association. (2013). *Diagnostic and statistical manual of mental disorders* (5. Aufl.). Arlington: American Psychiatric Publishing.
Beck, A. T., Freeman, A., et al. (1993). *Kognitive Therapie der Persönlichkeitsstörungen.* Weinheim: Psychologie Verlags Union.
Caspar, F. (2007). *Beziehungen und Probleme verstehen. Eine Einführung in die psychotherapeutische Plananalyse* (3. Aufl.). Bern: Huber.
DGPPN – Deutsche Gesellschaft für Psychiatrie, Psychotherapie und Nervenheilkunde. (Hrsg.). (2009). In *Praxisleitlinien in Psychiatrie und Psychotherapie: Bd. 1. S2-Leitlinien für Persönlichkeitsstörungen.* Heidelberg: Steinkopff Verlag.
Fiedler, P. (2009). Persönlichkeitsstörungen. In J. Margraf & S. Schneider (Hrsg.), *Lehrbuch der Verhaltenstherapie* : Bd. 2. *2: Störungen im Erwachsenenalter* (3. Aufl.). Heidelberg: Springer.
Fydrich, T., Renneberg, B., Schmitz, B., & Wittchen, H. U. (1997). SKID-II. Strukturiertes Klinisches Interview für DSM-IV. *Achse II: Persönlichkeitsstörungen.* Göttingen: Hogrefe.
Loranger, A. W., Sartorius, N., Andreoli, A., Berger, P., Buchheim, P., Channabasavanna, S. M., & Jacobsberg, L. B. (1994). The international personality disorder examination: The World Health Organization/Alcohol, Drug Abuse, and Mental Health Administration international pilot study of personality disorders. *Archives of General Psychiatry, 51*(3), 215–224.
Linehan, M. M. (1993). *Cognitive behavioral treatment of borderline personality disorder.* New York: Guilford.
Sachse, R., Sachse, M., & Fasbender, J. (2010). *Klärungsorientierte Psychotherapie von Persönlichkeitsstörungen.* Göttingen: Hogrefe.
Tyrer, P., Reed, G. M., & Crawford, M. J. (2015). Classification, assessment, prevalence, and effect of personality disorder. *The Lancet, 385,* 717–726.
Young, J. E. (1990). *Cognitive therapy for personality disorders: A schema focused approach.* Sarasota: Professional Resource Exchange.

Störungen der Sexualität 12

12.1 Charakteristika und Diagnostik

Wann ist sexuelles Erleben und Verhalten „gestört"? Die Antworten auf diese Frage wandeln sich in Abhängigkeit von den jeweils vorherrschenden soziokulturellen und individuellen Normen. Eine Klassifikation von gestörter und normaler Sexualität erscheint vor diesem Hintergrund fragwürdig. Sind Klassifikationssysteme wie ICD-10 oder DSM-5 in Bezug auf Sexualität demnach unangemessen oder sogar schädlich? Störungen der Sexualität gehen mit deutlichem Leiden bei Betroffenen oder anderen Menschen einher. Moderne Klassifikationssysteme wie das ICD-10 und vor allem das DSM-5 erlauben es im Allgemeinen dann eine Störung der Sexualität zu diagnostizieren, wenn eben solches Leiden entsteht – persönliches Leiden oder Leiden bei anderen Menschen. Während persönliches Leiden vor allem bei *sexuellen Funktionsstörungen* im Vordergrund steht (z. B. Minderung des sexuellen Verlangens oder Erektionsstörungen), ist Leiden von anderen vor allem bei *sexueller Deviation* (=sexuelle Abweichungen; auch: Paraphilien) für die Diagnose einer Störung relevant (z. B. Exhibitionismus oder Pädophilie). In diesem Kapitel werden die sexuellen Funktionsstörungen behandelt. Kapitel zu sexuellen Deviationen und Störungen der Geschlechtsidentität sind in der weiterführenden Literatur zu finden (Fiedler 2004).

> **Herr T. (Erektile Dysfunktion/Erektionsstörung)**
> Herr T. ist ein 51-jähriger, verheirateter, leistungsorientierter Bankangestellter im mittleren Management und leidet seit 2 Jahren an Erektionsproblemen. Anfangs sei die Erektionsstärke vor allem in Zeiten starker beruflicher Belastung nicht mehr für Geschlechtsverkehr ausreichend gewesen, doch seit eineinhalb Jahren habe sich „das Problem verselbstständigt". In Situationen, in

denen seine Frau und er früher Sex gehabt hätten, ist Herr T. heute „gestresst". Auf Nachfrage hin berichtet er, dass er unter „Stress" eine hohe körperliche Anspannung sowie Angst und Scham, die von Gedanken wie „Ich bin ein Versager, wenn ich mit Anfang Fünfzig schon keinen mehr hochkriege" begleitet wird, versteht. Herr T. schläft immer häufiger auf der Couch und behauptet, er habe Kopfschmerzen, wenn seine Frau sexuelles Interesse zeigt (Vermeidungsverhalten). Wenn es doch einmal zum Geschlechtsverkehr komme, achte Herr T. „ganz genau" darauf, ob seine Erektion bestehen bleibe oder nicht (Sicherheitsverhalten). Die Partnerschaft ist seit einem Jahr immer mehr belastet (z. B. häufige Konflikte). Seine Frau behaupte, er würde ihr aus dem Wege gehen, was sie unzufrieden mache. Herr T. selbst vermute, dass seine Frau ihn eigentlich für einen Versager halte und nicht mehr respektieren würde.

Nach ICD-10 verhindern „sexuelle Funktionsstörungen [...] die von der betroffenen Person gewünschte sexuelle Beziehung" (ICD-10; Dilling et al. 2000, S. 215). Sexuelle Funktionsstörungen mit vorwiegend oder ausschließlich körperlicher Ursache wie beispielsweise kardiovaskulären Erkrankungen werden als *sexuelle Dysfunktion* bezeichnet, während ausschließlich oder vorwiegend psychische Ursachen bei *funktionalen Sexualstörungen* im Mittelpunkt stehen. In diesem Kapitel werden unter sexuellen Funktionsstörungen solche verstanden, bei denen psychische Faktoren relevant sind, also funktionale Sexualstörungen. Das Verständnis der Klassifikation sexueller Funktionsstörungen wird durch ein Modell des sexuellen Reaktionszyklus erleichtert, welches aus fünf Phasen besteht und in Tab. 12.1 dargestellt ist. Selbstverständlich sind sexuelle Interaktionen, die diesem Modell nicht entsprechen, nicht notwendigerweise als „gestört" zu bezeichnen (z. B. sexuelle Interaktion ohne Koitus).

Kernstück der Diagnostik von sexuellen Funktionsstörungen ist eine ausführliche Sexualanamnese, die folgende Bereiche beinhaltet:

- Entstehungsbedingungen (z. B. belastende Lebensereignisse, sexuelle Traumatisierung, etc.)
- Aktuelles Sexualverhalten und -erleben (Ort, Zeit, Häufigkeit, Art; Gedanken und Gefühle, Kommunikation; auch: sexuelle Fantasien)
- Partnerschaft (z. B. Unzufriedenheit mit dem Partner, Partnerschaftskonflikte, Erwartungen an Sexualität, etc.)
- Sexuelle Entwicklung und sexuelle Sozialisation (Aufklärung, erste sexuelle Kontakte, Umgang mit Sexualität in der Familie, etc.)
- Ressourcen (z. B. positiv erlebte Sexualität)

12.1 Charakteristika und Diagnostik

- (Ungünstige) Rahmenbedingungen (z. B. berufliche Überforderung, hinderliche Tagesstruktur, Sorgen, Stress, etc.)
- Somatisch-medizinische Abklärung (z. B. zum Ausschluss von organischen Erkrankungen, Nebenwirkungen von Medikamenten, etc.).

Ein Einbezug des Partners bzw. der Partnerin bei der Sexualanamnese ist oft sinnvoll. Zudem kann die Exploration durch standardisierte Fragebögen, Tagebücher und Selbstbeobachtungsprotokolle ergänzt werden.

Im Rahmen des diagnostischen Prozesses ist zu beachten, dass viele Menschen erwarten, dass ihnen das Sprechen über Sexualität – auch mit Psychologen oder

Tab. 12.1 Sexueller Reaktionszyklus und entsprechende sexuelle Funktionsstörungen

Phase	Beschreibung	Sexuelle Funktionsstörungen
Appetenz	Entstehen von sexuellem Begehren und Fantasien über sexuelle Aktivität	Mangel oder Verlust von sexuellem Verlangen (F52.0) Sexuelle Aversion (=Vermeidung sexueller Aktivitäten aus Angst oder Ekel) und mangelnde sexuelle Befriedigung (=keine Befriedigung bei sexuellen Aktivitäten; F52.1) Gesteigertes sexuelles Verlangen (F52.7)
Erregung	Sexuelles Begehren einhergehend mit physiologischen Veränderungen wie Zunahme der genitalen Durchblutung	Versagen genitaler Reaktionen (F52.2; Erektionsstörung bzw. nicht ausreichende Lubrikation/Feuchtigkeit der Scheide) Nichtorganischer Vaginismus (=Scheidenkrampf; F52.5) Nichtorganische Dyspareunie (=Schmerzen bei genitaler Stimulation; F52.6)
Orgasmus	Sexueller Höhepunkt, sexueller Spannungszustand entlädt sich	Ejaculatio praecox (=vorzeitiger Samenerguss, vor oder beim Einführen des Penis; F52.4) Orgasmusstörung (=deutlich verzögerter oder nicht eintretender Orgasmus; F52.3)
Rückbildung	Abklingen der subjektiven sexuellen Erregung und physiologischen Veränderungen	Nachorgastische Verstimmung (keine Diagnose im ICD-10)

Ärzten im Rahmen einer Sexualanamnese – unangenehm sei. Sie äußern Probleme mit der Sexualität erst auf Nachfrage hin. Allerdings können auch Psychologen Hemmungen haben, Patienten auf eventuelle sexuelle Funktionsstörungen anzusprechen. Diese Konstellation kann dazu führen, dass eine wesentliche Quelle von Leidensdruck des Patienten nicht erkannt wird und unbehandelt bleibt. Im Allgemeinen ist ein Gesprächsangebot vonseiten des Psychologen also angezeigt (siehe auch Abschn. 12.4 Gestaltung der Therapiebeziehung).

Die Diagnose einer sexuellen Funktionsstörung gemäß der Leitlinien nach ICD-10 und DSM-5 erfordert eine Dauer der Beschwerden von mindestens 6 Monaten. Die Störung ist nicht ausreichend durch eine andere psychische oder körperliche Erkrankung erklärbar, wie zum Beispiel Abnahme der sexuellen Appetenz bei Depression oder Zunahme des Verlangens bei einer beginnenden demenziellen Erkrankung. Die Störung ist zudem nicht durch Substanzen bedingt. Bei der Diagnostik von sexuellen Funktionsstörungen ist neben störungsspezifischen Kriterien (siehe ICD-10 Leitlinien) also eine sorgfältige Differentialdiagnostik angezeigt.

12.2 Epidemiologie und Ätiologie

Die Prävalenzschätzungen von sexuellen Funktionsstörungen schwanken stark, beispielsweise in Abhängigkeit vom Grad der Standardisierung der Diagnostik und anderer methodischer Aspekte. Zusammenfassende Arbeiten berichten, dass ca. 40–45 % der Frauen und 20–30 % der Männer mindestens unter einer sexuellen Funktionsstörung leiden (Lewis et al. 2010). Bei Frauen werden Mangel an sexuellem Verlangen (Schätzungen von 15 bis 55 %) und Versagen genitaler Reaktionen (Schätzungen 5 bis 15 %) als häufige sexuelle Funktionsstörungen diagnostiziert, wobei die teils sehr hohen Prävalenzzahlen stark von der jeweiligen Definition abhängen und ggf. auf methodische Probleme zurückzuführen sind. Die Prävalenz sexueller Funktionsstörungen steigt bei Frauen mit dem Alter stark an. So leiden z. B. 10 % der unter 50-Jährigen und 50 % der 66- bis 74-Jährigen unter einem Mangel an sexuellem Verlangen. Männer leiden deutlich weniger an einem Mangel des sexuellen Verlangens (Schätzungen 10 bis 25 %). Die Prävalenz der vorzeitigen Ejakulation wird auf 5 bis 30 % geschätzt. Bei der erektilen Dysfunktion sind die Prävalenzschätzungen bei den unter 50-Jährigen relativ stabil und reichen von 1 bis 15 %. Die Prävalenzschätzungen in den höheren Altersgruppen zeigen eine hohe Variation und liegen bei ca. 20 bis 100 % (bei über 80-Jährigen), wobei in dieser Altersgruppe die Abgrenzung sexueller Dysfunktion mit vorherrschend körperlicher Ursache sehr schwierig ist. Allgemeine Risikofaktoren für sexuelle Funktionsstörungen sind der allgemeine Gesundheitsstatus, Diabetes mellitus, kardiovaskuläre, urogenitale oder chronische Erkrankungen sowie psychische Erkrankungen (Lewis et al. 2010) und die Einnahme von bestimmten Medikamenten durch deren Nebenwirkungen.

Die Entstehung und Aufrechterhaltung sexueller Funktionsstörungen wird mithilfe multikausaler, biopsychosozialer Modelle erklärt, in denen medizinisch-biologische (z. B. körperliche Erkrankungen), psychologische (z. B. Vermeidungsverhalten) und soziale Faktoren (z. B. interpersonelle Probleme) zusammenwirken. Aus dieser Sicht heraus spielen psychische Faktoren bei sexuellen Funktionsstörungen häufig eine wesentliche Rolle, selbst wenn körperliche Faktoren ebenfalls beteiligt oder ursprünglich in einzelnen Situationen ausschlaggebend sind. Begünstigende Faktoren sind unter anderem die oben genannten Risikofaktoren sowie psychische Belastung (z. B. beruflich oder in der Partnerschaft), sexueller Leistungsdruck, Verlustängste, sexuelle Traumatisierung, ungünstige sexuelle Sozialisation und Persönlichkeitsfaktoren wie erhöhte Selbstunsicherheit. Diese begünstigenden Faktoren erhöhen das Risiko für eine Störung im sexuellen Reaktionszyklus, z. B. für eine zu schwache Erektionsstärke in der Erregungsphase. Wenn die Bewertung des Abbruchs des sexuellen Reaktionszyklus mit Angst oder Scham einhergeht, kann dies zu kognitiven Aufmerksamkeitsprozessen und Angst beim erneuten Durchlauf des sexuellen Reaktionszyklus führen (Barlow 1986). Unter solchen Bedingungen behindern die angstbedingten physiologischen Veränderungen die physiologische sexuelle Erregung, auch wenn beispielsweise ein medizinisch-biologischer Faktor nicht mehr vorliegt. Vermeidungsverhalten (z. B. aus dem Weg gehen, siehe Fallbeispiel) oder Sicherheitsverhalten (z. B. Registrierung körperlicher Prozesse während des Geschlechtsverkehrs, siehe Fallbeispiel) vermindern die Angst und Anspannung kurzfristig im Sinne der operanten Konditionierung (Wegfall einer aversiver Konsequenz), halten jedoch die Angst und die sexuelle Funktionsstörung langfristig aufrecht (Wegfall angenehmer Konsequenz). Sexuelle Funktionsstörungen können durch Vermeidungs- und Sicherheitsverhalten demnach auch dann aufrechterhalten werden, wenn medizinische Faktoren nicht mehr relevant sind.

12.3 Behandlung

Die Behandlungsmöglichkeiten sexueller Funktionsstörungen lassen sich aus dem biopsychosozialen Modell ableiten: Vermeidungsverhalten im Sinne kurzfristiger negativer Verstärkung kann beispielsweise durch das sogenannte *sensate focus* abgebaut werden, das von Masters und Johnson entwickelt wurde. Dabei wird das

Paar instruiert, unter dem Verbot des Koitus in mehreren Schritten vom abwechselnden Streicheln des ganzen Körpers mit Ausnahme der Genitalregionen über Zwischenschritte hin zum Einführen des Penis ohne Bewegung überzugehen. Die einzelnen Schritte bzw. Übungen werden jeweils in einer Therapiesitzung vor- und nachbesprochen. Aufgrund des durch den Therapeuten „verschriebenen" Koitusverbotes können mit diesem gestuften Vorgehen korrektive sexuelle Erfahrungen ohne Erwartungs- oder Leistungsdruck gemacht werden, welche das Vermeidungsverhalten abbauen. Dysfunktionale Kognitionen (z. B. katastrophisierende Befürchtungen; „Wenn ich beim Sex keine Leistung bringe, werde ich verlassen") und Aufmerksamkeitsprozesse können mit kognitiv-verhaltenstherapeutischen Interventionen behandelt werden (z. B. kognitive Umstrukturierung und Verhaltensexperimente). Sexuelle Informationsdefizite oder die Effekte ungünstiger sexueller Sozialisation werden mithilfe von Psychoedukation (z. B. Sexualaufklärung) oder Trainings (z. B. spezifisches soziales Kompetenztraining) ausgeglichen werden. Als heuristisch hilfreich hat sich auch das gestufte PLISSIT-Modell erwiesen (Annon 1976): 1) *Permission* (Erlaubnis, über Sexualität und sexuelle Praktiken zu reden), 2) *Limited Information* (i. S. v. Psychoedukation), 3) *Specific Suggestions* (konkrete Vorschläge), 4) *Intensive Therapy* (vertiefte Therapie bei komplexen und andauernden Problemen). Bei Partnerschaftsproblemen sind Paartherapie oder spezifische Interventionen wie Kommunikationstraining indiziert. Neben der Behandlung von Defiziten und Problemen sind auch Interventionen zum Aufbau der sexuellen Erregbarkeit und des Lustempfindens zielführend (z. B. Übungen zur Selbsterfahrung des Körpers oder der Einsatz sexueller Fantasien). Viele Interventionen wirken auf mehrere Faktoren im biopsychosozialen Modell. Beispielsweise kann das *teasing* (wiederholter Wechsel von Stimulierung bis zur Erektion und Entspannungspausen) als Skillstraining zur Wiederherstellung einer abklingenden Erektion und gleichzeitig auch als Realitätstest dysfunktionaler Kognitionen im Rahmen der kognitiven Interventionen verstanden werden (eine abklingende Erektion ist keine ohnmächtig machende Katastrophe). Bei medizinisch-biologisch bedingten Störungen können somatische (z. B. Sildenafil/Viagra®) oder mechanische Behandlungen (z. B. Penispumpe) Teil des Gesamtbehandlungskonzepts sein. Eine aktuelle Metaanalyse zur psychologischen Interventionen bei sexuellen Funktionsstörungen konnte mittlere Effektstärken in Bezug auf die Verbesserung der Symptomatik und der Steigerung der sexuellen Zufriedenheit aufzeigen (Frühauf et al. 2013).

Ein Behandlungskonzept auf Grundlage einer individuellen Fallkonzeption (z. B. mit Plananalyse, s. Kap. 4.) beinhaltet neben einer Auswahl der oben genannten störungsspezifischen Interventionen oft auch Paartherapie bei möglichen Partnerschaftskonflikten oder Stressbewältigungstraining bei hoher

Belastung am Arbeitsplatz. Sexuelle Funktionsstörungen werden dann nicht isoliert, sondern als Teil im gesamten psychischen Funktionieren einer Person oder eines Paares betrachtet und behandelt. Dabei kann insbesondere auch eine mögliche Instrumentalität von Problemverhalten (gibt es einen versteckten Vorteil?) berücksichtigt werden.

12.4 Gestaltung der Therapiebeziehung

Das Verschweigen sexueller Probleme stellt ein Problemverhalten in der Diagnostik und Psychotherapie dar, das aus plananalytischer Perspektive oft dem Schutz des Selbstwerts und auch dem Bedürfnis nach Kontrolle dient. Die direkte Verstärkung des Problemverhaltens vonseiten des Therapeuten (z. B. über andere Themen sprechen, nicht auf offensichtliches Verschweigen reagieren) ist aus Sicht der motivorientierten Beziehungsgestaltung ungünstig, da sie das Problemverhalten begünstigt. Zielführender ist die proaktive Befriedigung übergeordneter, akzeptabler Pläne, sodass der Patient die motivationale Basis für das Problemverhalten verliert. Hierunter würden beispielsweise in Bezug auf den Selbstwertschutz nicht-kontingente Validierungen fallen („Viele Menschen sind unzufrieden mit ihrem Sexualleben, aber trauen sich nicht, Hilfe in Anspruch zu nehmen. Ich erlebe Sie als sehr selbstsicher, wenn Sie trotzdem mit mir über Ihre Probleme sprechen"). Darüber hinaus kann es sinnvoll sein, dass TherapeutInnen über eigene Pläne reflektieren, die ihnen das Ansprechen von möglichen sexuellen Problemen ihrer PatientInnen erschweren.

12.5 Verständnisfragen

Fragen
1. Welche Phasen werden beim sexuellen Reaktionszyklus unterschieden?
2. Welche Bereiche sollten eine Sexualanamnese beinhalten?
3. Wofür steht PLISSIT?

Literatur

Annon, J. S. (1976). The PLISSIT model: A proposed conceptual scheme for the behavioral treatment of sexual problems. *Journal of Sex Education and Therapy, 2*(1), 1–15.

Barlow, D. H. (1986). Causes of sexual dysfunction: The role of anxiety and cognitive interference. *Journal of Consulting and Clinical Psychology, 54*(2), 140–148.

Dilling, H., Mombour, W., Schmidt, M. H., & Schulte-Markwort, M. (2000). *Weltgesundheitsorganisation: Internationale Klassifikation psychischer Störungen. ICD-10 Kapitel V (F). Diagnostische Kriterien für Forschung und Praxis* (3. Aufl.). Bern: Huber.

Fiedler, P. (2004). *Sexuelle Orientierung und sexuelle Abweichung*. Basel: Beltz.

Frühauf, S., Gerger, H., Schmidt, H. M., Munder, T., & Barth, J. (2013). Efficacy of psychological interventions for sexual dysfunction: A systematic review and meta-analysis. *Archives of Sexual Behavior, 42*(6), 915–933.

Lewis, R. W., Fugl-Meyer, K. S., Corona, G., Hayes, R. D., Laumann, E. O., Moreira Jr, E. D., ... & Segraves, T. (2010). Definitions/epidemiology/risk factors for sexual dysfunction. *The Journal of Sexual Medicine, 7*(4pt2), 1598–1607.

Integrative Sicht von psychischen Störungen und Psychotherapie

13

13.1 Einleitung

Warum dieses letzte Kapitel? In den ersten Kapiteln dieses Buches wurde eine eher Diagnose-übergreifende Sicht von psychischen Störungen vertreten, dann folgte eine Reihe störungsspezifischer Kapitel. Das ist Ausdruck dessen, dass die Klinische Psychologie mittlerweile über ein enormes störungsspezifisches Wissen verfügt, das es selbstverständlich auch zu vermitteln gilt. Zum Berner Ansatz gehört aber auch die Auffassung, dass – wie wir manchmal etwas salopp sagen – „der liebe Gott die Welt nicht in Diagnosen aufgeteilt hat". Das vorliegende Kapitel dient dazu, wieder eine störungsübergreifendere, integrative Sicht in den Vordergrund zu stellen.

13.2 Eine störungsübergreifende Sicht psychischer Probleme

Man könnte sich vorstellen, dass bei der Kombination von Phänomenen, die mit Psychopathologie in Verbindung gebracht werden – Verhalten, Kognitionen, Emotionen, Stimmungen, biologische Zustände, Verhalten der Umwelt, usw. – beliebige Variation möglich sei. Nun ist es aber so, dass nicht alles gut zusammenpasst: Sich schlaff zu fühlen und hochaktives Verhalten zu entwickeln, oder deprimierende Gedanken und gleichzeitig eine heitere Stimmung zu haben, passt nicht ohne weiteres zusammen. In Abschn. 4.2.3 war unter Bezug auf konnektionistische/neuronale Netzwerk-Modelle dargelegt worden, 1) dass es Muster gibt, bei denen die Elemente besonders gut zusammenpassen, 2) dass diese in sich spannungsärmer sind und 3) dass es damit wahrscheinlicher ist, dass Menschen in solche Muster fallen und darin verharren. Dabei kann es durchaus Variationen geben, weil das Kriterium des Zusammenpassens/der Spannungsarmut noch nicht genau festlegt, welche Elemente enthalten sein dürfen und welche nicht. Das entspricht auch gut der klinischen Situation: So können zwei Menschen stark depressiv sein und dennoch wenige, im Extremfall sogar gar keine Symptome gemeinsam haben (Fried und Nesse 2015). Bei anderen Diagnosen ist die Situation insgesamt etwas weniger extrem, aber auch bei ihnen gibt es erhebliche Variation.

Häufig zusammen auftretende Muster werden als Diagnosen beschrieben, es wird auch angenommen, dass innerhalb von Diagnosen gemeinsame Ursachen gefunden werden und dass innerhalb einer Diagnose einheitliche Behandlung indiziert ist. Tatsächlich ist das teils auch der Fall. So ist bei der Entwicklung und Aufrechterhaltung von Angststörungen Vermeidung regelmäßig ein zentraler kausaler Mechanismus, und das Aufgeben von Vermeidung ein wichtiger therapeutischer Faktor, der allerdings auf recht unterschiedliche Weise realisiert werden kann. Solchen Gemeinsamkeiten stehen aber auch große Unterschiede innerhalb einer Diagnose gegenüber.

Wie sieht es mit Unterschieden zwischen Diagnosen aus? Selbstverständlich gibt es bei allen Überlappungen und Komorbitäten auch Unterschiede zwischen Patienten mit verschiedenen Diagnosen. So leben z. B. mehr Patienten mit Agoraphobie in einer Partnerschaft als Patienten mit einer sozialen Phobie. Es ist unbekannt, ob das daran liegt, dass sich mit einem Aufmerksamkeit schenkenden oder sich nicht zu trennen trauenden Partner agoraphobische Tendenzen erst so richtig zu einer ausgewachsenen Agoraphobie entwickeln lässt, oder ob ein agoraphobischer Patient sich um jeden Preis auf eine Beziehung einlässt und auch an dieser festhält, weil er ohne sie nicht könnte. Der Kontrast kommt wohl auch dadurch zustande, dass Menschen mit einer ausgeprägten sozialen Phobie mehr Mühe haben, Kontakte zu finden und Beziehungen aufzubauen.

Was die *Behandlung* betrifft, haben wir auch gelernt, dass Systematische Desensibilisierung bei Isolierten Phobien, nicht aber Agoraphobie hilft. Es gibt sie also, die Unterschiede, aber sie werden von Forschern und Autoren eher akzentuiert dargestellt, vielleicht auch im Bemühen, sich als Experte für eine bestimmte Störung zu profilieren. So sind z. B. die Unterschiede zwischen den Auffälligkeiten in ihren Kognitionen bei Angst- und Depressions-Patienten nicht so groß, abgesehen natürlich von gewissen konkreten Inhalten. Auch die kognitiv-therapeutische Arbeit bei diesen beiden Diagnosen zeigt mehr Gemeinsamkeiten als Unterschiede. Es ist allerdings schwer, in der Diskussion zu objektivieren, ob das Glas halb voll oder halb leer ist, ob eher Gemeinsamkeiten oder Unterschiede innerhalb und zwischen Diagnosen überwiegen.

Ein Anlass, sich auf Gemeinsamkeiten zu besinnen ist ein ganz pragmatischer und er bezieht sich auf die Behandlung verschiedener Störungen: Ein Therapeut kann ein bis zwei manualisierte, störungsspezifische Ansätze bis auf ein Niveau trainieren und supervidieren lassen, das demjenigen entspricht, das Therapeuten in randomisierten Wirksamkeitsstudien erreichen. In der Praxis wird er es aber (und sei es nur wegen Komorbiditäten) auch mit Patienten zu tun haben, die nicht gerade (nur) diese Störungen haben. Er wird auch Patienten haben, die therapiebedürftig sind, auf die aber keine der gängigen Diagnosen so richtig passt. Aus dem Bewusstsein für dieses grundsätzliche Problem haben sich zwei Stoßrichtungen entwickelt:

- Die Suche nach störungsübergreifenden bzw. -unabhängigen *Prinzipien* in Ätiologie und Therapie.
- Sog. „transdiagnostische" Ansätze, die sich mit Gemeinsamkeiten aller Art, meist zwischen zwei Diagnosen oder Diagnose-Gruppen bezüglich Ätiologie und daraus abgeleitet auch bezüglich Therapie beschäftigen. Beispielhaft ist die gemeinsame Behandlung von Ängsten und Depressionen durch Barlow (Barlow et al. 2017), vormals einem prominenten Spezialisten für Angstbehandlung. Es geht hier i. a. also weniger um übergreifende Prinzipien als um Gemeinsamkeiten in Ätiologie und Behandlung unabhängig davon, ob daraus Prinzipien herausdestilliert werden können.

13.3 Ein störungsübergreifender und gleichzeitig Störungsspezifisches nutzender, integrativer Therapieansatz

Der „Berner Ansatz" versteht therapeutisches Handeln nicht als Anwenden von Techniken, sondern als kreativen Konstruktionsprozess, der für jeden Patienten und jede Situation im Prinzip neu ist (Caspar 2009). „Neu" heißt, dass stets explizit oder implizit eine größere Anzahl von Aspekten berücksichtigt wird, sodass die Wahrscheinlichkeit sehr klein ist, dass jemals wirklich genau Dasselbe zweimal getan wird. Nur durch Abstraktion („Instruktion für Progressive Muskelentspannung", „Konfrontation") erscheint es so. „Neu" heißt nicht, dass das Rad immer neu erfunden werden muss. Auch manualisierte Ansätze können genutzt werden. Sie werden aber nicht einfach im engeren Sinn *angewendet* („in Sitzung 13 ist XY dran"), sondern flexibel als Ideenlieferant genutzt.

So können auch störungsspezifische und störungsunspezifische Ansätze im konkreten Vorgehen miteinander integriert werden, ebenso ätiologische und

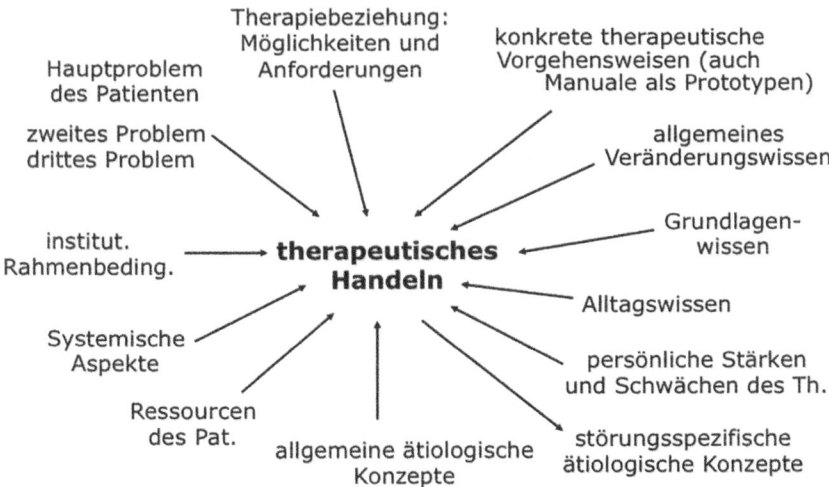

Abb. 13.1 Bei der Konstruktion therapeutischen Handelns in der Situation berücksichtigte Aspekte. Erläuterungen im Text

therapeutische Konzepte unterschiedlichen Ursprungs. Auch Beziehungs- und inhaltliche Aspekte werden in einem Modell „aus einem Guss" berücksichtigt. Die Idee ist also nicht, erst etwas für die Beziehung zu tun, dann an den Problemen zu arbeiten etc., sondern ständig auch bei der Problembearbeitung auf den Beziehungsaspekt zu achten. Oft läuft das darauf hinaus, dass *Was* ein Therapeut macht von der Problembearbeitung her bestimmt ist, und dass *Wie* er es macht von der Beziehungsgestaltung determiniert wird.

Eine nicht geschlossene Liste zu berücksichtigender Aspekte enthält (s. Abb. 13.1):

- Problem(e) des Patienten mit allfälligen Bezügen untereinander,
- Möglichkeiten und Grenzen der Therapiebeziehung, störungsspezifische Ansätze (einschl. kreativer Nutzung störungsspezifischer Manuale),
- störungsübergreifende Prinzipien, allgemeines Grundlagenwissen (z. B. „wie hängen Kognitionen und Emotionen zusammen?"),
- allgemeines Veränderungswissen,
- störungsspezifisches ätiologisches Wissen,
- störungsübergreifendes ätiologisches Wissen (z. B. Diathese-Stress Modell, das auch helfen kann, wenn das Problem in keine Diagnose passt),

- individuelle Stärken und Schwächen des Therapeuten (Schwächen sollte ein Therapeut kennen und bewältigen/kompensieren, Stärken wie gute Kenntnisse der Lebenssituation des Pat., besonders gute Fähigkeit im Beobachten und Einsatz von nonverbalem Verhalten, etc.), Ressourcen des Patienten, Systemische Zusammenhänge, und Institutionelle Rahmenbedingungen (die besonders günstig oder ungünstig sein können).

Die Aufzählung wirkt vielleicht erschlagend, aber es ist davon auszugehen, dass erfahrene Therapeuten ohnehin diese Aspekte oder ein ähnlich breites Spektrum berücksichtigen. Erleichtert wird das dadurch, dass nicht alle Aspekte bei jedem Patienten jederzeit gleich wichtig sind: Es gibt Patienten, die in der Beziehung unproblematisch sind, solche, bei denen systemische Zusammenhänge kaum eine Rolle spielen, usw. Erfahrene Therapeuten berücksichtigen Aspekte zudem (außer es tun sich besondere Schwierigkeiten auf) oft intuitiv und ohne große Belastung der bewussten Informationsverarbeitung, und unerfahrene können sich mit darauf stützen, dass ihre Supervisoren darauf schauen, dass nichts Wichtiges vergessen geht.

Es spricht Vieles dafür, dass ein Therapeut explizit oder implizit einem solchen Modell der kreativen Neukonstruktion folgen sollte, wenn er sein Vorgehen für den einzelnen Patienten optimieren und auch schwierigen Patienten Psychotherapiemöglichkeiten eröffnen will. Es entspricht auch Befunden aus der allgemeinen Expertise-Forschung, dass Könner ihre Spitzenleistungen durch angemessene vertiefte Analyse und Berücksichtigung einer Vielfalt von Faktoren erreichen (Caspar 2017). Etwas geht damit allerdings verloren: Man kann sich nicht mehr auf Wirksamkeitsstudien für ein bestimmtes Verfahren beziehen und in Anspruch nehmen, durch genaues Einhalten eines Manual eine Garantie für eine wirkungsvolle Therapie geben zu können. Weil in der Praxis aber bei allem Bemühen und Manualtreue ohnehin einiges anders ist als in den Studien (namentlich Merkmale der Patienten und Ausbildung/Supervision der Therapeuten ist das aus Berner Sicht ohnehin ein unrealistischer Anspruch). Empirische Wirksamkeitsbelege bleiben ein wichtiges Argument für die Berücksichtigung bestimmter Vorgehensweisen, aber die tatsächliche Wirkung muss mit einer laufenden Qualitätskontrolle belegt werden.

Grawe hat einmal provokant formuliert „der störungsspezifische Ansatz hat sich zu Tode gesiegt!" (Caspar 2011). Was war damit gemeint? Der störungsspezifische Ansatz hat die Psychotherapieszene nicht nur in der Verhaltenstherapieszene für bereits gut 2 Jahrzehnte geprägt: V. a. in den USA wurde die Forderung verbreitet, Psychotherapie in der Konkurrenz mit den in vielfacher Weise (wenn auch nicht von den meisten Patienten!) in Forschung und Vertrieb bevorzugten

Psychopharmaka als ein standardisiertes Produkt mit verbriefter Wirkung für bestimmte Indikationen zu „verkaufen". Auch in Deutschland reicht es für die Zulassung nicht, die Wirksamkeit eines Psychotherapieverfahrens generell zu belegen, es muss die Wirksamkeit spezifisch für eine Reihe von Diagnosen belegt werden. Dadurch, dass der störungsspezifische Ansatz in Forschung und Anwendung so stark gefördert wurde, wurden aber auch schneller seine Grenzen klar („zu Tode gesiegt" war dafür etwas reißerisch ausgedrückt!): Das ganze Spektrum an Psychotherapiebedarf kann nicht mit störungsspezifischen Ansätzen bestritten werden. Selten entsprechen die Patienten in der üblichen Praxis den meist monosymptomatischen Patienten in den Studien, es gibt Komorbiditäten, nicht zuletzt auch mit Persönlichkeitsstörungen und -akzentuierungen, es gibt störungsunabhängige Variablen, wie Alter, Bildungsstand, interpersonelle Eigenschaften etc., die zu berücksichtigen sind. Therapeuten bringen ebenfalls unterschiedliche Voraussetzungen mit: Sie sind teils schlechter in einem bestimmten Verfahren trainiert als die Studientherapeuten (s. oben), mögen aber in anderer Hinsicht sehr kompetent sein und mit besonderen Fähigkeiten mangelnde Spezialkenntnisse teils kompensieren oder störungsspezifisch trainierte Therapeuten sogar überflügeln können.

Wie bereits in Kap. 4 argumentiert: Optimale Therapie setzt voraus, dass nicht einzelne Faktoren, wie Technik, Beziehung, oder anderes einseitig in den Vordergrund gestellt wird, sondern dass alle Aspekte, die zum Verständnis und zur Behandlung einer Störung beitragen können, berücksichtigt werden. Grawe hat eine *einseitige* Störungsorientierung aufs Korn genommen, aber die lange Zeit der Konzentration auf Störungen hat auch dazu geführt, dass tatsächlich Fortschritte gemacht worden sind. Sehr schwer behandelbare Störungen wie z. B. chronische Depression oder Borderline Persönlichkeitsstörungen, in jüngerer Zeit gefolgt auch von psychotischen Störungen, sind verstehbarer und behandelbarer geworden. Das heutzutage in Therapien nicht zu berücksichtigen wäre selbstverständlich unprofessionell.

Welcher Aspekt wieviel Gewicht hat, welche ätiologischen und Interventionskonzepte beigezogen werden, sollte nicht oder möglichst wenig von Voreinstellungen der Klinischen Psychologen und Psychotherapeuten abhängen, sondern so weit wie möglich von der Situation beim einzelnen Patienten (Caspar und grosse Holtforth 2009). Dafür erscheint das hier dargestellte Neukonstruktionsmodell als ideale Basis.

13.4 Verständnisfragen

Fragen
1. Was spricht für eine störungsübergreifende Sicht psychischer Störungen?
2. Was ist mit „Konstruktion therapeutischen Handelns" gemeint und welches sind die wichtigsten Aspekte, die dabei berücksichtigt werden müssen?

Literatur

Barlow, D. H., Farchione, T. J., & Fairholme, C. P., et al. (2017). *Manual für die diagnoseübergreifende Behandlung von emotionalen Störungen*. Bern: Hogrefe.

Caspar, F. (2009). Therapeutisches Handeln als individueller Konstruktionsprozess. In J. Margraf & S. Schneider (Hrsg.), *Lehrbuch der Verhaltenstherapie* (Bd. 1, S. 213–225). Heidelberg: Springer.

Caspar, F. (2011). Hat sich der störungsspezifische Ansatz in der Psychotherapie „zu Tode gesiegt"? *Psychotherapie, Psychosomatik, Medizinische Psychologie, 61*(5), 199.

Caspar, F. (2017). What makes excellent therapists special: The perspective of expertise. In Hill, C. & Castonguay, L. (Hrsg.), *How and why are some therapists better than others? Understanding therapist effects*. Newy York: APA.

Caspar, F., & Grosse Holtforth, M. (2009). Responsiveness – Eine entscheidende Prozessvariable in der Psychotherapie. *Zeitschrift für Klinische Psychologie und Psychotherapie, 38*(1), 61–69.

Fried, E. I., & Nesse, R. M. (2015). Depression is not a consistent syndrome: An investigation of unique symptom patterns in the STAR* D study. *Journal of Affective Disorders, 172*, 96–102.

The manufacturer's authorised representative in the EU is Springer Nature Customer Service Centre GmbH, Europaplatz 3, 69115 Heidelberg, Germany. If you have any concerns regarding our products, please contact ProductSafety@springernature.com

Printed and bound by CPI Group (UK) Ltd, Croydon, CR0 4YY

25/03/2026

02078210-0002